INHALT

W0064649

Vorwort 9

SUCHE FRIEDEN UND JAGE IHM NACH!

Exegetische und theologische
Beobachtungen zur Jahreslosung 15
   Martin Werth

Gottes Friede –
kein frommer Wunsch 31
   Klaus Haacker

„Selig sind, die Frieden stiften" –
Die Friedensethik Jesu 39
   Stefan Jäger

Schalom im Alten Testament 51
   Thomas Symank

THEMATISCHE ANKNÜPFUNGEN

Mit ausgestreckten Händen 65
   Meditation zum Titelbild von Inge Heinicke-Baldauf
   und zur Jahreslosung
   Johannes Beer

Auf der Suche nach innerem Frieden 79
Betrachtung aus humanwissenschaftlicher
und seelsorgerlicher Sicht
Martina Walter

Die friedliche Revolution 89
Erfahrungen von 1989
Konrad Flämig

Der dritte Weg Jesu 101
Für eine Theologie und Praxis des aktiven, mutigen,
gewaltfreien Handelns gegen Unrecht und Unterdrückung
Lutz Krügener

Konflikt und Frieden 111
Erfahrungen aus der Eheberatung
Florian Mehring

Eine Ruine in Coventry –
Mahnung zum Frieden 123
Gisela Fähndrich

Vom Frieden singen 137
Matthias Stempfle

ENTWÜRFE FÜR DIE ARBEIT MIT GRUPPEN

Peace Train 151
Michael Freitag-Parey

#Peacehunting – Gedanken zur
Friedensjagd 163
Stundenentwurf für Jugendliche
Sabine Herwig

„O Herr, mach mich zu einem Werkzeug
deines Friedens" 175
Elemente zur Gestaltung eines Seniorenkreises
Theo Schneider

Wir spielen Frieden 187
Entwurf für eine Familienaktion
Martina Walter, zusammen mit Marlen Dutschmann,
Leon Henken und Jannis Offenbach

FUNDGRUBE

Lyrische Texte 199

Suche Frieden und jage ihm nach 203
Christian Hählke

Herausgeber, Autorinnen
und Autoren 205

VORWORT

Die Jahreslosung 2019 konfrontiert uns mit einem klaren Befehl. Wir sollen den Frieden suchen und ihm nachjagen. Das sind zwei Verben, zwei Aufforderungen für ein Nomen! Der Frieden hat es nötig, dass wir uns doppelt um ihn mühen. Der Frieden ist vermutlich das, was uns, unserer Gesellschaft, unserer Welt am meisten fehlt, und was wir am stärksten vermissen. Krieg, Streit, Hass, im Großen wie im Kleinen, machen ungezählten Menschen täglich das Leben zur Hölle. Angesichts des Unfriedens dürfen wir uns nicht in unsere privaten Nischen zurückziehen. Wir sind aufgefordert, Friedensstifter zu sein und dem Frieden und damit den Menschen zu dienen.

Der deutsch-israelische Journalist und Religionswissenschaftler Schalom Ben-Chorin (1913–1999) formulierte die Suche nach dem Frieden in folgenden Worten:

Wer Frieden sucht
wird den anderen suchen
wird Zuhören lernen
wird das Vergeben üben
wird das Verdammen aufgeben
wird vorgefasste Meinungen zurücklassen

wird das Wagnis eingehen
wird an die Änderung des Menschen glauben
wird Hoffnung wecken
wird dem anderen entgegenkommen
wird zu seiner eigenen Schuld stehen
wird geduldig dranbleiben
wird selber vom Frieden Gottes leben –
Suchen wir den Frieden?

Suchen wir den Frieden? – Ja, lasst uns den Frieden untereinander, mit uns selbst und mit Gott suchen! Dieses Arbeitsbuch zur Jahreslosung mit Auslegungen und Impulsen für die Praxis soll Ihnen dabei helfen, miteinander ins Gespräch über den Frieden zu kommen.

Es ist eine große Chance der Gemeinde, gemeinsam über Bibeltexten zu arbeiten! Daher finden sich in diesem Buch keine fertigen Leseandachten, sondern Bausteine und Anregungen, die zur Weiterarbeit, zum Gespräch und zur Praxis ermutigen sollen. Hier dürfen Sie sich bedienen, auswählen, überprüfen, verändern. Ein Arbeitsbuch ist wie ein Steinbruch, aus dem Sie herausnehmen, was für Ihre Lebenssituation oder ihren Gemeindekreis gerade hilfreich sein kann.

Auch in diesem Jahr haben wir auf unterschiedliche Zugangsweisen zum Bibelwort und seine vielfältigen Themenfelder geachtet. Die einzelnen Beiträge sollen für die unterschiedlichsten Arbeitsfelder und Zielgruppen nutzbar sein. Ein herzliches Dankeschön gilt allen Mitautorinnen und Mitautoren, die ihre Kompetenzen eingebracht haben.

Wir danken Frau Ruth Atkinson und Herrn Hauke Burgarth für die kompetente Betreuung des Buches.

Wir wünschen uns, dass die Jahreslosung 2019 für viele ein Impuls wird, der das Leben verändert und bereichert. Wir wollen unsere kleinen Schritte gehen und wissen uns darin begleitet von dem Gott des Friedens, der unser Herzen und Sinne in Jesus Christus bewahrt.

Martina Walter   Dr. Martin Werth

Suche Frieden und jage ihm nach!

EXEGETISCHE UND THEOLOGISCHE BEOBACHTUNGEN ZUR JAHRESLOSUNG

Martin Werth

Die Jahreslosung für 2019 stammt aus dem zweiten Teil von Psalm 34,15. Diese Reduktion auf nur einen halben Vers soll vermutlich der inhaltlichen Aussage Prägnanz verleihen und diese ganz auf den Frieden (*šālōm*) konzentrieren.

Dennoch empfinde ich diese Entscheidung als unglücklich. Der Vers 15 stellt eine Einheit dar, die nicht auseinandergerissen werden sollte. Deshalb werde ich erst den ganzen Vers und anschließend den ganzen Psalm in den Blick nehmen. Zuvor will ich aber erklären, welches Stilmittel in der hebräischen Poesie und besonders in den Psalmen zum Einsatz kommt.

Der Parallelismus membrorum als Stilmittel der hebräischen Poesie

Parallelismus membrorum bedeutet die Parallelität der Glieder eines Verses. Vermutlich ist es Ihnen schon aufgefallen, dass die Psalmen (und darüber hinaus die prophetische und weisheitliche Literatur des Alten Testaments) mit Wiederholungen und Doppelungen arbeiten. Diese Parallelismen kann man nahezu in jedem Psalm nachweisen.

Wir unterscheiden verschiedene Unterformen:

Der häufigste Parallelismus ist der *synonyme Parallelismus membrorum*. Zwei Versglieder geben mit anderen Worten denselben Gedanken wieder. Ich wähle einige Beispiele aus Ps 51.

3 Gott, sei mir gnädig	*nach deiner Güte,*
und tilge meine Sünden	*nach deiner großen Barmherzigkeit.*
4 Wasche mich rein	*von meiner Missetat,*
und reinige mich	*von meiner Sünde;*

Sehr häufig ist der Parallelismus im Rhythmus a – b; a¹ – b¹ gestaltet. So in den oben angegebenen Versen. „Sei mir gnädig" ist parallel zu „tilge meine Sünden" und „nach deiner großen Güte" ist parallel zu „nach deiner großen Barmherzigkeit". In V 4 entspricht das „Waschen" dem „Reinigen" und die „Missetat" der „Sünde". Es kommt in der Auslegung solcher Verse nun nicht darauf an, einen Unterschied in der jeweiligen Begrifflichkeit zu entdecken, so als wäre Gottes Güte etwas anderes als seine Barmherzigkeit, oder als wäre die Missetat etwas anders als die Sünde. Nein, es geht um die Verstärkung der Aussage durch synonyme (inhaltlich gleich gefüllte) Begriffe.

Auch Ps 51,5 ist ein synonymer Parallelismus, allerdings in der selteneren Abfolge a – b; b¹ – a¹.

5 denn ich erkenne	*meine Missetat,*
und meine Sünde	*ist immer vor mir.*

Das „Erkennen" und das „immer vor mir Sein" entsprechen einander, wie auch die „Missetat" und die „Sünde". Einen solchen Aufbau des Parallelismus nennt man *Chiasmus*, denn wenn die Versteile untereinander stehen und die beiden a-Aussagen und die beiden b-Aussagen mit Linien verbunden werden, dann entsteht so etwas wie ein X, im Griechischen der Buchstabe Chi: deshalb Chiasmus.

Nochmal: Es geht in aller Regel nicht um einen Unterschied zwischen den Versteilen, sondern der zweite Versteil stellt eine Unterstreichung, eine nachhaltige Betonung des ersten dar.

Eine weitere, allerdings sehr viel seltenere Variante des Parallelismus ist der *antithetische Parallelismus membrorum*. Hier bilden die beiden Versglieder einen mehr oder weniger strengen Gegensatz:

Ps 1,6 Denn der HERR kennt   *den Weg der Gerechten,*
aber der Gottlosen Weg   *vergeht.*

Hier handelt es sich wieder um die Form des Chiasmus. Der „Weg der Gerechten" und der „Gottlosen Weg" stehen einander gegenüber. Was „der HERR kennt", das bleibt und stellt damit den Gegensatz zur Vergänglichkeit des Weges der Gottlosen dar.

Ps 27,10 Denn mein Vater und meine Mutter   *verlassen mich,*
aber der HERR   *nimmt mich auf.*

Eindrücklich wird in dieser Vertrauensaussage der Gegensatz herausgestellt. Der Beter weiß, dass die Begleitung durch Eltern endlich ist, aber die Nähe und Fürsorge Gottes ist grenzenlos.

Schließlich spricht man noch vom sogenannten *synthetischen Parallelismus membrorum*. Hier führt der zweite Versteil den ersten fort, ohne ihn abgewandelt zu wiederholen. Man könnte den Eindruck haben, dass hierbei gar keine Parallelität zu erkennen sei. Und doch wechselt sich diese Form des Parallelismus auf spannende Art mit dem synonymen Parallelismus ab.

Dies kann man sehr gut an unserem Ps 34 entdecken.

2 Ich will den HERRN loben allezeit;
sein Lob   soll immerdar in meinem Munde sein.
                              Synonymer Parallelismus
3 Meine Seele   soll sich rühmen des HERRN,
dass es die Elenden hören und sich freuen.
                              Synthetischer Parallelismus
4 Preiset mit mir   den HERRN
und lasst uns miteinander   seinen Namen erhöhen!
                              Synonymer Parallelismus
5 Da ich   den HERRN suchte,
antwortete er mir   und errettete mich aus aller meiner Furcht.
                              Synthetischer Parallelismus

In V 2 und 4 wird die Aussage im zweiten Versteil variierend gedoppelt. In V 3 und 5 zeigt der zweite Versteil die Folgerung auf, die sich aus dem ersten Versteil ergibt. Der Beter wird so rühmen, dass es auch die Elenden hören und sich freuen (V 3). Der Beter hat den Herrn, seinen Gott gesucht und er hat die erhoffte Hilfe erfahren (V 5).

Auch V 15, aus dem die Jahreslosung entnommen ist, ist als ein synthetischer Parallelismus anzusehen, der nicht auseinandergerissen werden sollte. Im engeren Kontext sieht das dann so aus:

13 Wer ist's, der Leben begehrt
und gerne gute Tage hätte?   *Synonymer Parallelismus*
14 Behüte deine Zunge   *vor Bösem*
und deine Lippen,   *dass sie nicht Trug reden.*
                                    Synonymer Parallelismus
15 Lass ab vom Bösen   *und tue Gutes;*
suche Frieden   *und jage ihm nach!*
                                    Synthetischer Parallelismus

„Leben begehren" und „gerne gute Tage haben", das ist identisch. Die „Zunge vom Bösen" und die „Lippen vom Trug" fernhalten ebenso. Bei V 15 ist das anders. Hier ist „suche Frieden und jage ihm nach" die Folge oder die Steigerung von „lass ab vom Bösen und tue Gutes". Darauf werde ich bei der Auslegung des Psalms noch eingehen.

Übersetzungsvergleich

Der Vergleich der verschiedenen Bibelübersetzungen ist wie immer aufschlussreich. Einige Übersetzungen interpretieren mehr, andere weniger. Jede Übersetzung ist zur Wahrnehmung des biblischen Wortes hilfreich.

Lass ab vom Bösen und tue Gutes; suche Frieden und jage ihm nach! (Luther, 2017)

… lass ab vom Bösen und tue Gutes, suche Frieden und jage ihm nach! (Elberfelder)

… weiche vom Bösen, tu Gutes, trachte nach Frieden und jage ihm nach! (Buber)

Weiche dem Bösen aus und handle gut, suche Frieden und gehe ihm nach. (Bibel in gerechter Sprache)

Turn away from evil and do good; seek peace and pursue it. (English Standard Version)

Diverte a malo, et fac bonum; inquire pacem, et persequere eam. (Vulgata)

Halte dich vom Bösen fern und tu Gutes; setze dich für den Frieden ein und verfolge dieses Ziel mit ganzer Kraft! (Neue Genfer Übersetzung)

Hör auf, Mist zu bauen, fang an auf Gutes zu schauen, mach das radikal in deinem Leben. (Volxbibel)

Kehrt euch vom Bösen ab und tut das Gute! Müht euch mit ganzer Kraft darum, dass ihr mit allen Menschen in Frieden lebt! (Gute Nachricht)

Wendet euch ab von allem Bösen und tut Gutes! Setzt euch unermüdlich und mit ganzer Kraft für den Frieden ein! (Hoffnung für alle)

Wendet euch ab vom Bösen und tut Gutes. Bemüht euch, mit anderen in Frieden zu leben. (Neues Leben)

Es fällt auf, dass die lateinische und englische Übersetzung sowie Luther, Elberfelder, Buber und die Bibel in gerechter Sprache weitgehend gleich übersetzen und sich so nah wie möglich an den hebräischen Satzbau anlehnen. Dabei lassen die Elberfelder Übersetzung und Martin Buber in V 14 den Satz aus V 13 weitergehen, während die anderen mit einem neuen Satz starten.

Einige Übersetzungen interpretieren stärker, um den Lesern deutlich zu machen, worum es geht. Die Neue Genfer Übersetzung überträgt das „jage ihm nach" in „verfolge dieses Ziel mit ganzer Kraft" Ähnlich macht es die Volxbibel, wenn sie sagt: „mach das radikal in deinem Leben". Dabei ist hier bedauerlich, dass das Zentralwort Friede weggefallen ist.

Die letzten drei Übersetzungen wechseln in der Anrede vom Singular in den Plural. Grammatisch geht das eigentlich nicht, aber ist diese Zuspitzung deshalb falsch? Immerhin sind die ersten drei imperativischen Aussagen von Ps 34 in den Versen 4, 9 und 12 im Plural formuliert und ein Du kann durchaus auch kollektiv gemeint sein (du, Israel; du, Gemeinde). Gerade die Mahnungen und Ermutigungen der Bibel hören wir immer in der Gemeinschaft der Glaubenden. Auch der Psalmbeter wollte seine Botschaft nicht nur einem Menschen mitteilen.

Vier Verben und drei Nomen

Psalm 34,15 besteht aus vier Verben und drei Nomen. Im ersten Teil des Verses haben wir die Abfolge: Verb-Nomen und Verb-Nomen. Dieser erste Teil des Verses kann selbst als ein antithetischer Parallelismus wahrgenommen werden. Im zweiten Teil ist das Nomen von zwei Verben eingeklammert.

Lass ab vom Bösen und tue Gutes; suche Frieden und jage ihm nach!

Ich gehe nachstehend an diesen Begriffen entlang.

„Lass ab"

sūr: weichen, abweichen; als Imperativ: fort! entfernt euch! Man kann auch sagen: „Von der eingeschlagenen Richtung abbiegen." Das Verb begegnet Israel häufig als Vorwurf, weil es vom Weg des Herrn abgewichen ist, sich vom Gebot getrennt hat etc. Es kann aber auch wie hier als Umkehrruf laut werden.

Dabei wird die Wendung *sūr mēra'* (meide das Böse) der weisheitlichen Sprache zugerechnet. Sie taucht außer in unserer Stelle noch in Ps 37,27; Hiob 1,1.8; 2,3; 28,28; Spr 3,7; 13,19; 14,16; 16,6.17 auf.

„vom Bösen"

ra': das Böse, Schlechte, Übel, Unglück.

Im Unterschied zum Deutschen unterscheidet die hebräische Sprache nicht zwischen böse und schlecht, auch nicht zwischen der (eher aktiven) Bosheit und dem (eher passiven) Unglück. Hier steht vermutlich der biblische Tun-Ergehens-Zusammenhang im Hintergrund, nachdem die böse Tat das Unglück nach sich zieht.

Dieser Tun-Ergehens- oder Sünde-Unheil-Zusammenhang ist eine gedankliche Struktur, die in der Bibel vielfach vorkommt, die aber bereits im Alten Testament problematisiert wird (unter anderem in Psalmen, Hiob, Prediger). Wir sollten diesen Gedanken nicht verdrängen, ihn aber auch nicht in einer Weise verinnerlichen, dass wir hinter jedem „Unglück" unseres Lebens nach der zuvor begangenen „bösen Tat" suchen. Das wäre eine Vereinfachung, die im wahrsten Sinne des Wortes ungesund ist (vgl. Ps 73).

Was wir an der Stelle vielmehr in den Blick nehmen müssen, ist, dass die böse Tat des Einen (gerade auch von uns) sehr oft das Unglück für den Anderen bedeutet. Außerdem ist die Bibel überzeugt, dass Böses gegen Menschen gleichzeitig Böses gegen Gott bedeutet.

Interessant ist, dass das Böse im Alten Testament sehr häufig gar nicht konkretisiert wird. Wir sollen uns nicht so sehr auf das Böse konzentrieren, sondern das Gute tun. Wer das Gute tut, der meidet das Böse (vgl. Mi 6,8).

„tue"

'śh: *machen, tun, handeln, einschreiten, vollbringen.*

Das Wort ist nach „sagen" und „sein" das dritthäufigste Verb des Alten Testaments. Es wird überwiegend mit Menschen als Subjekt verwendet, gelegentlich ist auch Gott das Subjekt, und es kann dabei auch sein Schöpferhandeln beschreiben, wenngleich hierfür vornehmlich das Wort *bara* (vgl. 1 Mose 1,1) verwendet wird, das nur mit Gott als Subjekt erscheint.

Neben dem profanen Sprachgebrauch tritt häufig ein theologischer Aspekt auf, wenn das Machen oder Tun ein von Gott Gebotenes oder Verbotenes ist. So geht es zum Beispiel um das 'śh seines Willens, des Bundes, der Tora, der Gerechtigkeit, der Barmherzigkeit. Das Tun des Menschen untersteht dem Urteil Gottes. Dem Tun des Menschen folgen der Segen oder der Unmut Gottes.

„Gutes"

ṭōb: gut, Gutes, Güte, Wohlstand.

Das Nomen *ṭōb* (ganz überwiegend als Adjektiv, aber auch substantiviert gebraucht) ist noch teilweise aus dem jiddischen *Masel tow* bekannt (der hebräische Buchstabe Bet kann auch als w gesprochen werden).

Der Anwendungs- und Bedeutungsbereich von *ṭōb* ist sehr weit. Je nach Kontext begegnen einem daher in den deutschen Übersetzungen Begriffe wie: angenehm, erfreulich, wohlgefällig, günstig, brauchbar, nützlich, reichlich, schön, gütig, wahr.

Häufig findet sich *ṭōb* mit dem Gegensatz *ra'*. Teilweise meint es dabei eine Gesamtheit (Gutes und Böses, also alles), teilweise die einander entgegenstehenden Pole (meide das Böse und tue Gutes).

Insgesamt wird *ṭōb* im Alten Testament oft an Gott ausgerichtet. Gott und sein Wille sind der Maßstab dafür, was *ṭōb* eigentlich ist. Letztlich ist es Gott selber, der gut ist. Vergleichen Sie dazu die eindrückliche Aussage Jesu in Mk 10,18 und Lk 18,19. Auch die Psalmen betonen, dass *ṭōb* letztlich ein göttliches Prädikat ist. So kann der bekannte Lobpreis: „Danket dem HERRN; denn er ist freundlich (*ṭōb*), und seine Güte (*ḥǽsæd*) währet ewiglich" (Ps 100,5; 106,1; 107,1; 118,1.29; 136,1), ebenso übersetzt werden: „Danket dem Herrn, denn er ist gut, und seine Barmherzigkeit währet ewig."

Im zweiten Versteil – der eigentlichen Jahreslosung – betrachte ich zunächst die beiden Verben und schließe diesen Punkt mit dem *šālōm*.

„Suche"

bqš: suchen.

Die Grundbedeutung von *bqš* ist das Suchen eines Ver-lorenen oder Vermissten! Interessanterweise wird nie ein Ort gesucht. Eher sind es Menschen oder lebensrelevante Dinge, die gesucht werden. Daher haben Aussagen mit *bqš* oft etwas sehr Dringliches. Auch Gott sucht (wie in Hes 34,16), aber häufiger wird Gott gesucht (ein Viertel aller Stellen). Dabei ist diese Suche nach Gott kein einmaliges Geschehen, sondern eher ein dauernder und prägender Lebensprozess.

„jage"

rdp: hinter jemandem her sein, ihm eilig folgen, nachsetzen.

rdp ist ein Verb, mit dem hohe Aktivität und Ausdauer ausgedrückt werden. In Ps 23,6 drückt der Beter die Ge-wissheit aus, dass Güte und Barmherzigkeit ihm sein Le-ben lang folgen/nachfolgen/nachjagen werden. Jes 51,1 spricht davon, dass Israel der Gerechtigkeit nachjagt (siehe auch 5 Mose 16,20; Pred 21,21). In unserem Vers ist es der Friede, dem dauerhaft und mit aller Konzentration nach-gejagt werden soll.

„Frieden"

šālōm: Friede, Freundlichkeit, Wohlergehen, Gedeihen, Glück, Ganzheit.

Den Begriff *šālōm* analysiert Thomas Symank in die-sem Buch ausführlich. Daher kann ich mich kurzfassen. Man kann sagen: *šālōm* ist mehr als Friede. Zumindest ist *šālōm* in der Bedeutung „Friede" mehr als die Abwesenheit von Krieg. *šālōm* ist in der Sprachwelt des Alten Testaments ein Zielbegriff des Lebens, der sich auf alle Lebensbezüge bezieht. Wer im *šālōm* lebt, lebt in einer geheilten Ganzheit mit Gott, mit der Umwelt, mit sich selbst.

Wenn wir nach diesen Wortuntersuchungen nochmals auf unseren V 15 schauen, dann können wir den Vers jetzt vielleicht wie folgt frei übertragen:

„Du Mensch, der du normalerweise die bösen Dinge in den Blick nimmst, bieg ab und kehr um von diesem Weg, der für dich und für andere nichts als Unglück bedeuten wird. Richte deine Aktivität vielmehr auf das Gute, Wohlgefällige und Vollkommene, das dem Willen Gottes und letztlich ihm selbst entspricht. Dein Streben soll auf das Ziel gerichtet sein, das du als Mensch, das ihr als Menschen so oft und so nachhaltig verloren habt, die Ganzheit mit Gott, das Einssein mit ihm und seinem Willen. Dieses Ziel, sein šālōm wird für dich und alles, was dich umgibt, Friede, Heil und Glück bedeuten. Verfolge dieses Ziel nicht nur einen Moment, sondern mit Ausdauer und Kraft. Dieses Ziel lohnt jeden Einsatz."

Aufbau und Inhalt von Psalm 34

Ps 34 ist in der kunstvollen Gestalt eines alphabetischen Akrostichons gestaltet. V 1 beginn mit dem Aleph, V 2 mit Bet, V 3 mit Gimel. Übersetzungen können diese Gestalt nicht nachahmen. Dieses Gestaltungsmerkmal, das auch sonst gelegentlich vorkommt, soll vermutlich das Auswendiglernen des Psalms erleichtern.

Der Psalm gehört in die erste Sammlung der Davidspsalmen. V 1 verankert ihn in der Biografie Davids, ohne dass im Verlauf des Psalmes konkrete Dinge aus dem Leben Davids genannt werden. So wie uns der Psalm überliefert ist, geht es eher um ganz grundsätzliche Fragen und Zusagen, die über das konkrete Leben einer Einzelperson hinausgehen.

Die V 2-4 erinnern an einen klassischen Hymnus (Lobpsalm). Der Beter fordert sich selbst (V 2.3) und er fordert die Gemeinde (V 4) zum Lob Gottes auf. Die V 5-11 knüpfen unmittelbar daran an. Die V 5 und 7 sind eine auf das Elementarste reduzierte „Rettungserzählung", die in den weiteren Versen ins Grundsätzliche erhoben wird. Der Tenor lautet: Wenn du dich an den Herrn, deinen Gott wendest, wird er dir helfen. Es ist sinnvoller sein Vertrauen auf Gott zu setzen, als auf Macht, Geld und Einfluss. Auch wenn es in deinem Leben einmal eng wird, die Hilfe Gottes wird am Ende doch da sein und dich erretten.

Mit V 12 beginnt eine klassische Weisheitslehre, wie sie auch im Buch der Sprüche stehen könnte. V 12 enthält die Aufforderung, am Unterricht teilzunehmen. V 13 stellt die rhetorische Frage, ob der Hörer/Leser möchte, dass sein Leben gelingt. Die dann folgende lehrhafte Antwort mit klaren und „einfachen" Aufforderungen schließt mit unserer Jahreslosung:

14 *Behüte deine Zunge vor Bösem*
    und deine Lippen, dass sie nicht Trug reden.
15 *Lass ab vom Bösen und tue Gutes;*
    suche Frieden und jage ihm nach!

Die V 16-23 schließen den Psalm mit verschiedenen Zusagen der Nähe Gottes, gerade in Zeiten der Not.

Ein abschließender Blick auf den aaronitischen Segen

Da der Zielpunkt der Jahreslosung Friede (*šālōm*) ist, lohnt sich ein abschließender Blick auf den aaronitischen Segen (4 Mose 6,24-26), denn auch hier ist der Zielpunkt der *šālōm* JHWHs, der uns zugesprochen und zugeeignet wird.

Der Segen ist drei- beziehungsweise neunteilig, denn jeder der drei Teile ist selbst wieder dreiteilig.

JHWH	*segne dich*	*und behüte dich;*
JHWH	*lasse sein Angesicht*	*leuchten über dir*
		und sei dir gnädig;
JHWH	*hebe sein Angesicht*	*über dich*
		und gebe dir Frieden.

Zu Beginn jedes Segenswortes steht der Gottesname, den ich hier in den hebräischen Buchstaben JHWH wiedergegeben habe.

Der jeweils zweite Teil ist ein Segenswort, das im Sinne des synonymen Parallelismus variiert wird. Zwischen „lasse sein Angesicht leuchten über dir" und „hebe sein Angesicht über dich" besteht kein inhaltlicher Unterschied. Beides bedeutet: Er segne dich. Das Angesicht Gottes, das leuchtet oder erhoben wird, ist eine Metapher für die freundliche Zuwendung und Nähe Gottes. Diese Nähe ist die Voraussetzung des Segens, den wir erfahren.

Der jeweils dritte Teil der drei Segensworte ist nicht mehr synonym. Hier steigern sich die Zusagen. Die Reihenfolge ist mit Bedacht gewählt und einzuhalten.

Mit dem „behüte dich" wird zuerst der Bereich des alltäglichen Lebens mit seinen Gefährdungen unter die schützende und segnende Zusage Gottes gestellt.

Mit dem „sei dir gnädig" wird der Bereich der Gottesbeziehung selbst angesprochen. Wenn uns der Segen zugesprochen wird, ist uns bewusst, dass wir Gnade brauchen, dass wir uns als Sünder nie die Nähe und Zuwendung Gottes verdienen können. Ohne das Wissen um einen gnädigen Gott, der uns vergibt, könnten wir seine Nähe weder suchen noch aushalten.

Das Schlusswort nennt den *šālōm*. Damit ist die Gesamtheit unserer Lebensbezüge genannt: Sein Friede ist höher als alle Vernunft. Er eröffnet uns Lebensraum in der Beziehung zu uns selbst, zu unserer Umwelt und zu unserem Schöpfer. Sein Friede atmet schon die Luft des Paradieses, wenn wir einkehren werden in den Schöpfungssabbat, an dem Gott ruht von allen seinen Werken. Er ist das Ziel unseres Lebens und im zugesprochenen Segen ist dieser *šālōm* auch schon unser Begleiter. Und weil das so ist und uns der *šālōm* in jedem Segen zugesprochen wird, können wir uns gleichzeitig gegenseitig ermuntern:

Lass ab vom Bösen und tue Gutes; suche Frieden und jage ihm nach!

GOTTES FRIEDE – KEIN FROMMER WUNSCH

Klaus Haacker

Wenn auf deutschen Kanzeln die Predigt zu Ende ist, folgt nach dem Amen häufig noch:

„Und der Friede Gottes, der höher ist als alle Vernunft, bewahre eure Herzen und Sinne in Christus Jesus!"

Ein Zusammenhang mit dem Inhalt der vorangehenden Predigt ist selten erkennbar. Man könnte vermuten, dass es ein Vorgriff auf den Segen am Ende des ganzen Gottesdienstes ist: „Der Herr segne euch und behüte euch … und gebe euch Frieden!" Aber davor folgt ja erst einmal das Kapitel „Fürbitten".

Der Spruch stammt aus dem Brief des Paulus an die Gemeinde in Philippi (4,7). Er spricht ein tiefes Bedürfnis vieler Menschen an. Überall in der Welt herrschen Streit, Unruhe oder gar Aufruhr im eigenen Herzen: Wie komme ich innerlich zur Ruhe? Wer oder was schenkt mir inneren Frieden?

Diese Sehnsucht fasste Goethe in seinem Gedicht „Wandrers Nachtlied" eindrucksvoll in Worte:

Der du von dem Himmel bist,
Alles Leid und Schmerzen stillest,

31

Den, der doppelt elend ist,
Doppelt mit Erquickung füllest;
Ach, ich bin des Treibens müde!
Was soll all der Schmerz und Lust?
Süßer Friede,
Komm, ach komm in meine Brust!

Da sehnt sich jemand danach, dem Wechselspiel von Glück und Unglück nicht mehr ausgeliefert zu sein. Und spürt, dass er dem aus eigener Kraft nicht gewachsen ist. Die Hilfe müsste von ganz oben kommen! Ob Goethe dabei an den Gott der Bibel dachte, ist nicht sicher. Er konnte ja auch (vorwurfsvoll!) von „himmlischen Mächten" sprechen oder ausrufen: „... und lieben, Götter!, welch ein Glück!"

Der Wunsch nach innerer Unabhängigkeit gegenüber dem Auf und Ab des Lebens beschäftigte auch die Stoiker als antike Philosophen. Heute verspricht der Buddhismus vielen Menschen ein Freiwerden von Schmerz und Lust, von Ängsten und Wünschen. Wodurch? Durch Meditation und Übungen des Loslassens. Das fasziniert viele gestresste Zeitgenossen – auch wenn sie sich das letzte Ziel des Buddhismus, das Erlöschen der eigenen Person im Nirwana, nicht zu eigen machen.

Gelassenheit

Um inneren Frieden geht es auch im sogenannten „Gelassenheitsgebet". Es stammt von dem amerikanischen Theologen Reinhold Niebuhr und wurde durch ein Gesangbuch der US-Armee weltweit verbreitet. Die übliche deutsche Fassung lautet:

Gott gebe mir die Gelassenheit, Dinge hinzunehmen, die ich nicht ändern kann,
den Mut, Dinge zu ändern, die ich ändern kann,
und die Weisheit, das eine vom anderen zu unterscheiden.

Es erfreut sich großer Beliebtheit in Selbsthilfegruppen wie den Anonymen Alkoholikern. Leider ist die deutsche Fassung gar kein Gebet, sondern ein bloßer Wunschsatz. Der Anfang müsste genauer übersetzt eigentlich lauten: „Gott, gib mir die Gelassenheit ..."

Dieses „Gelassenheitsgebet" berührt sich mit Worten des Paulus im Brief an die Philipper, wonach er gelernt hat, sich auch mit misslichen Situationen abzufinden (4,11-13): „Ich habe gelernt, in jeder Lage zufrieden zu sein. Ich kann mit beidem umgehen, herabgesetzt zu werden und Oberwasser zu haben. Mit allem und jedem habe ich Erfahrung: Sattwerden und Hunger leiden, aus dem Vollen schöpfen und Abstriche hinnehmen. Ich verkrafte alles durch den, der mir innere Stärke gibt."

Innere Stärke

Ein Beispiel dieser „Seelenstärke" gibt Paulus im ersten Kapitel seines Briefes. Dort berichtet er den Adressaten, die seine Missionsarbeit finanziell unterstützten, wie es ihm zurzeit geht. Sie wissen es bereits, dass er vor Gericht steht. Er wird beschuldigt, dass überall, wo er auftritt, in der Bevölkerung Unruhen ausbrechen (vgl. Apg 24,5). Auf so etwas reagierten römische Behörden ziemlich allergisch. Das Reich hatte jahrzehntelang unter blutigen Machtkämpfen gelitten, bis mit der Alleinherrschaft des Augustus endlich Friede einkehrte. (Die Schlacht bei Philippi im Jahr 42 vor Christus war ein trauriger Höhepunkt dieses Blutvergießens gewesen.) Auseinandersetzungen zwischen Parteien waren seitdem absolut unerwünscht, auch wenn sie religiösen Ursprungs waren. Einen Konflikt zwischen jüdischen und nichtjüdischen Bewohnern der Stadt Alexandrien in Ägypten hatte Kaiser Claudius mit Drohungen gegen beide Bevölkerungsteile beantwortet. In solchen Wirren konnten die Wortführer des Aufruhrs wie Staatsfeinde betrachtet und wegen Landfriedensbruch hingerichtet werden. Dabei fällten die Gerichte ihre Urteile oft nicht nach strengen Maßstäben heutiger Beweisverfahren. Es gab keine klare Trennung zwischen Politik und Justiz, und die Meinung der Öffentlichkeit am Gerichtsort hatte großen Einfluss.

Paulus musste also mit allem rechnen. Und er schreibt den Philippern, dass er zu beidem bereit ist: zu einem Martyrium wegen seiner Predigttätigkeit und zum Weiterleben im Dienst an den von ihm gegründeten Gemeinden (1,21-24): „‚Leben' heißt für mich ‚Christus', und Sterben bringt mir nur noch mehr davon. Wenn aber das Weiterleben angesagt ist, so kommt das meiner Arbeit zugute, und so weiß ich nicht, was ich vorziehen soll. Ich fühle mich hin- und hergerissen: Einerseits habe ich Sehnsucht, aufzubrechen und bei Christus zu sein – das wäre mit Abstand das Beste – aber euretwegen ist es dringender, am Leben zu bleiben."

Auch die angesprochenen Gemeindeglieder haben keinen leichten Stand im politischen Klima ihrer Stadt. Die Sieger der Schlacht bei Philippi hatten hier Veteranen römischer Heere angesiedelt, die fortan dort die Oberschicht bildeten, die Interessen des Reiches vertraten und die Kultur prägten. Paulus und sein Mitarbeiter Silas waren dort einige Zeit nach der Gründung der Gemeinde vertrieben worden. Man warf ihnen vor, als Juden fremde Sitten einführen zu wollen, die den Charakter der Stadt bedrohten (vgl. Apg 16,16-40). Nach Phil 1,27-30 kehrte nach der Ausweisung der beiden Gemeindegründer keine Ruhe ein. Vielmehr sind auch die zurückgebliebenen Gläubigen gesellschaftlichem Druck ausgesetzt. Wir wissen nicht, mit welchen Maßnahmen man ihnen das Leben schwer machte.

Gegen Ende seines Briefes legt Paulus ihnen ans Herz, niemandem gegenüber nachtragend zu sein – also auch im Umgang mit ihren Gegnern –, sondern Freundlichkeit an den Tag zu legen (4,5). Wir würden sagen: Das soll ihr stadtbekanntes Image sein! Wie können sie dazu die innere Kraft entwickeln, obwohl sie doch jederzeit mit neuen Schikanen rechnen müssen? Dazu schreibt Paulus ihnen (4,6-7): „Sorgt euch um nichts, sondern in allen Dingen lasst eure Bitten in Gebet und Flehen mit Danksagung vor Gott kund werden! Und der Friede Gottes, der höher ist als alle Vernunft, wird eure Herzen und Sinne in Christus Jesus bewahren."

Rezept gegen Furcht

Diese Worte sind ein Rezept für den Umgang mit Befürchtungen. Mögen sie noch so berechtigt sein. Paulus sagt: Schluckt sie nicht herunter, sondern sprecht sie aus, und das ohne alle Verdrängung von Gefühlen, sondern so heftig, wie sie euch bedrücken! Wem gegenüber? Wer hat dafür ein Ohr – oder sogar ein Herz? Gott im Himmel! Ihr dürft euch an „höchster Stelle" beklagen! Unsere herkömmlichen Gebete im Schlussteil von Gottesdiensten bleiben in der Regel weit dahinter zurück. Sie klingen manchmal wie Vorschläge oder Anträge an den himmlischen Herrn der Welt, bei dem wir uns für notleidende Mitmenschen verwenden.

Aber vielleicht denkt Paulus mit seinem Vorschlag an das persönliche Beten oder an Gebetsgemeinschaften in Hausgemeinden, wo es leichter fällt, eigene Sorgen und Ängste auszusprechen: eine notwendige Ergänzung der traditionellen öffentlichen Gottesdienste.

Aber was sind die Ergebnisse? Paulus legt Gott nicht fest! Dieser kann Gebete erhören und Erleichterung schenken, aber auch Leiden zulassen. Doch *einen* „Erfolg" des Betens verspricht der Apostel ohne Wenn und Aber: dass die Betenden den „Frieden Gottes" im Herzen zu spüren bekommen. Das erinnert an die Erzählungen aus Israels Geschichte, in denen Gott seinem bedrohten Volk zusagt: „Fürchtet euch nicht; denn ich bin bei euch!"

Diese klare Zusage für das Ausbreiten eigener Sorgen vor Gott fällt leider meistens unter den Tisch, wenn dieser Ausspruch am Ende von Predigten zitiert wird. Denn

Martin Luther *übernahm* an dieser Stelle eine Fehlüberset-zung aus der lateinischen Bibel (der sogenannten Vulgata). Aus der großen Verheißung wurde ein bloßer frommer Wunsch! Jahrzehntelang forderten deutsche Neutestament-ler eine Korrektur dieser Stelle im Zuge von Revisionen der Lutherbibel. Leider vergeblich! In der neuesten Revision von 2016 / 17 ist sie endlich erfolgt. Jetzt heißt es nicht mehr „bewahre", sondern „wird bewahren". Und dabei kommt zum Vorschein, aus welchem Grund dieser Bibelvers nach der Predigt in unseren Gottesdienstablauf gekommen ist: als Überleitung zu den anschließenden Fürbitten!

Das „Und" am Anfang („Und der Friede Gottes…") ist als ein „Dann" zu verstehen! Auf die Revision der Luther-bibel sollte darum eine entsprechende Änderung in den Gottesdienstordnungen folgen, damit der Ausspruch mit Vers 6 als Ermutigung zum Gebet ankommt.

Gedanken des Friedens

Aber woher nimmt Paulus die Gewissheit, mit der er den Geschwistern verspricht, dass auf ihr Gebet hin Gottes Frieden ihre Herzen beschützen wird? Ein abstrakter phi-losophischer Gottesbegriff kann diesen Trost nicht spen-den. Paulus schöpft aus den Erfahrungen Israels – und aus dem Reden des lebendigen Gottes durch Propheten, wie es die Bibel überliefert. „Höher als alle Vernunft" soll dieser Friede Gottes sein. Das erinnert an Worte beim Propheten Jesaja in Kapitel 55,8-9: „Meine Gedanken sind nicht eure Gedanken, und eure Wege sind nicht meine Wege, spricht der Herr; denn so hoch der Himmel über der Erde ist, so viel höher sind meine Wege als eure Wege und meine Gedanken als eure Gedanken."

Einige Zeilen weiter ist wie im Philipperbrief von Freude und Frieden die Rede (V 12): „Mit Freude werdet ihr ausziehen, und in Frieden werdet ihr geleitet."

Gemeint war damals die Rückkehr aus dem Exil in Babylonien, in das viele Juden verschleppt worden waren. Dies hatten die Propheten als ein Gericht Gottes gedeutet. Die Hoffnung auf eine Heimkehr ins Gelobte Land hatten viele schon aufgegeben. In diese Stimmungslage sprach auch der Prophet Jeremia im Namen Gottes hinein: „Ich weiß wohl, was für Gedanken ich über euch habe: Gedanken des Friedens und nicht des Leides, dass ich euch gebe Zukunft und Hoffnung" (Jer 29,11).

So gibt es auch bei uns „Exilszeiten" − Lebensphasen, in denen wir uns nicht „daheim" fühlen, sondern in einer Fremde, entwurzelt oder vereinsamt, ohne ein Licht am Ende des Tunnels zu sehen. Gottes Wege mit uns sind nicht immer leicht. Aber er kennt unsere Seufzer über die Rätsel unseres Lebens und hat ein Ohr für unsere Klagen oder gar Anklagen. Wir dürfen und sollen unsere ganz persönlichen Nöte vor ihn bringen, aber auch die Ängste anderer Menschen um uns her oder in anderen Ländern der Erde. Vor dem „Sorgt euch um nichts!" und dem Versprechen des Friedens steht bei Paulus der Satz: „Der Herr ist nahe!" Das kann man räumlich verstehen als unsichtbare, aber tröstliche Nähe Jesu zur Gemeinde. Aber auch zeitlich als Zukunft, in der Gott einmal alles zum Guten wenden wird.

„SELIG SIND, DIE FRIEDEN STIFTEN" – DIE FRIEDENSETHIK JESU

Stefan Jäger

„Selig sind, die Frieden stiften." Diese Seligpreisung aus der Bergpredigt Jesu wurde zum Leitwort der Friedensbewegung. Wie bleibend aktuell das Thema Frieden ist, wird uns täglich vor Augen geführt. In jüngster Zeit nimmt die Zahl der Teilnehmer an den traditionellen Friedensmärschen zu Ostern wieder zu, was sowohl die Not als auch die Sehnsucht nach Frieden deutlich macht. Aber worin besteht dieser Frieden, den Jesus hier anspricht? Und wie ist er überhaupt möglich? Wen spricht Jesus hier an? Um diese Fragen zu klären, müssen wir uns die Seligpreisung in ihrem Zusammenhang ansehen. Doch so viel vorweg: Die Friedensethik Jesu geht an die Wurzel des Problems. Sie weist auf die Wunde des Unfriedens, die im Menschen selbst liegt. Hier muss der Friede ansetzen. Zu dieser Einsicht kam auch die UNESCO, die angesichts des Grauens des Zweiten Weltkrieges gegründet wurde. Im ersten Satz ihrer Präambel vom 16. November 1945 heißt es: „Da Kriege im Geist der Menschen entstehen, muss auch der Frieden im Geist der Menschen verankert werden." Ähnlich formulierte es bereits Leo Tolstoi: „Bevor ein Krieg ausbricht, hat er längst schon in den Herzen der Menschen begonnen." Jesus nimmt uns mit auf den Weg in unser Herz, das nach biblischem Verständnis unsere personale Mitte ausmacht und auch als Sitz des Willens, der Beweggründe und Absichten eines Menschen gilt.

Die Friedensethik Jesu ist im Wesen und Willen Gottes begründet

Das Neue Testament schließt sich an die alttestamentliche Verheißung eines ganzheitlichen Schalom als Fülle des Heils, Wohlergehens und gelingenden Lebens in Gemeinschaft mit Gott und den Menschen an. Frieden ist auch im Neuen Testament ein zentraler Wert und steht in engem Zusammenhang mit den anderen Grundworten des christlichen Glaubens: Liebe, Barmherzigkeit und Gerechtigkeit. Auch in den Seligpreisungen werden neben den Friedensstiftern diejenigen beglückwünscht, die Barmherzigkeit üben, sanftmütig (das heißt gewaltfrei) sind und nach Gerechtigkeit hungern und dürsten. Diese Seligpreisungen bilden den Eingang zur Bergpredigt Jesu. Hier wird uns die Magna Charta des Reiches Gottes, der Verwirklichung seines heilvollen Willens, vorgestellt.

Gott ist ein Gott des Friedens (1 Kor 14,33; 1 Thess 5,23; Hebr 13,20 u. ö.) und Jesus der Friedefürst (Jes 9,5), der gekommen ist, um unsere Füße auf den Weg des Friedens zu lenken (Lk 1,79), ja, der uns selbst zum Frieden geworden ist (Eph 2,14). Die Friedensethik Jesu ist im Frieden, der zu Gottes Wesen gehört, begründet. Dieser Frieden ist ein Kennzeichen des Reiches Gottes, das in Jesus Christus bereits angebrochen ist (Lk 17,21b) und dessen Vollendung Christinnen und Christen erwarten.

Die siebte Seligpreisung enthält eine große Verheißung für diejenigen, die Frieden stiften: Sie werden Gottes Kinder, seine Söhne und Töchter genannt werden.

Luther übersetzte ursprünglich „Selig sind die Friedfertigen" – das könnte man so verstehen, als ginge es um eine innere Einstellung, die lediglich passiv ist. Das würde jedoch weder dem Text und noch dem Anliegen Jesu gerecht. Dort steht wörtlich „Friedensmacher". In englischen Bibelübersetzungen heißt es daher „peacemaker" und in der lateinischen Vulgata „pacifici" („Pazifisten"). Auch die Jahreslosung aus Psalm 34 fordert uns zu einem aktiven Einsatz für den Frieden auf. Er stellt sich offensichtlich nicht von alleine ein. Anstatt auf Frieden zu warten, muss man sich um ihn mühen, ihn suchen und ihm nachjagen (vgl. auch Hebr 12,14; Röm 12,18). Wie sieht das nach Jesus konkret aus?

Das Gebot der Feindesliebe im Zentrum der Friedensethik Jesu

Am konzentriertesten findet sich die Friedensethik Jesu in der Bergpredigt bzw. Feldrede. Im Zentrum dieser Friedensethik steht das Gebot der Feindesliebe. Es ist direkt mit der siebten Seligpreisung verknüpft. Ich zitiere die entsprechende Passage aus der Feldrede Lk 6,27–38 (nach der Zürcher Bibel, vgl. dazu Mt 5,38–48):

41

27 Euch aber, die ihr zuhört, sage ich: Liebt eure Feinde! Tut wohl denen, die euch hassen!

28 Segnet, die euch verfluchen! Betet für die, die euch misshandeln!

29 Wer dich auf die eine Backe schlägt, dem halte auch die andere hin; und wer dir den Mantel nimmt, dem verweigere auch das Gewand nicht.

30 Gib jedem, der dich bittet; und wenn einer dir etwas nimmt, dann fordere es nicht zurück.

31 Und wie ihr wollt, dass die Leute mit euch umgehen, so geht auch mit ihnen um.

32 Wenn ihr die liebt, die euch lieben, was für ein Dank steht euch dann zu? Auch die Sünder lieben ja die, von denen sie geliebt werden.

33 Und wenn ihr denen Gutes tut, die euch Gutes tun, was für ein Dank steht euch dann zu? Dasselbe tun auch die Sünder.

34 Und wenn ihr denen leiht, von denen ihr etwas zu erhalten hofft, was für ein Dank steht euch dann zu? Auch Sünder leihen Sündern, um ebenso viel zurückzuerhalten.

35 Vielmehr: Liebt eure Feinde und tut Gutes und leiht, wo ihr nichts zurückerhofft. Dann wird euer Lohn gross sein, und ihr werdet Söhne und Töchter des Höchsten sein, denn er ist gütig gegen die Undankbaren und Bösen.

36 Seid barmherzig, wie euer Vater barmherzig ist!

37 Richtet nicht, und ihr werdet nicht gerichtet. Verurteilt nicht, und ihr werdet nicht verurteilt. Lasst frei, und ihr werdet freigelassen werden!

38 *Gebt, und es wird euch gegeben werden: ein gutes, festge-*
drücktes, gerütteltes und übervolles Mass wird man euch
in den Schoss schütten. Denn mit dem Mass, mit dem ihr
messt, wird auch euch zugemessen werden.

Motivation für die Feindesliebe

Das Gebot der Feindesliebe, das sich in den Versen 27 und
35 gleich zweimal findet, ist auf mehrfache Weise motiviert:

- In Vers 31 steht die sogenannte „Goldene Regel" (vgl. Mt
7,12). Sie ist bekannt in Form des Sprichwortes: „Was du
nicht willst, das man dir tu, das füg' auch keinem andern zu." So findet sich die Goldene Regel bereits in der
jüdischen Tradition (vgl. Tob 4,15), aber auch im Kon-
fuzianismus und anderen Religionen. Bei Jesus ist sie im
Unterschied dazu jedoch nicht als Vermeidungsverhal-
ten, sondern aktiv formuliert. Sie ist proaktiv und setzt
Einfühlungsvermögen voraus, indem man versucht,
sich in sein Gegenüber hineinzuversetzen und zu fragen, was man ihm oder ihr Gutes tun kann. Die Erfüllung wesentlicher Bedürfnisse ist die beste Vorbeugung
gegen Konflikte.
- Als weitere Begründung folgt ein Vergleich, der die na-
türliche Liebe, die es genauso unter „Sündern" (bei Matthäus: „Zöllner" und „Heiden") gibt, mit dem von den
Jüngern geforderten Verhalten kontrastiert. Auch Menschen, die Jesus nicht nachfolgen, lieben ihresgleichen
und tun einander Gutes. Die Jünger sollen sich jedoch

nicht an menschlicher Gruppenfixierung, sondern am Wesen Gottes, dem Schöpfer und Erhalter aller Menschen, orientieren. Von den Jüngern ist nach Mt 5,47 das „Außerordentliche", das über das normale Maß hinausgeht, gefordert, wie Dietrich Bonhoeffer in seiner Auslegung der Stelle hervorgehoben hat.

- Dann wird die Feindesliebe – genau wie in der siebten Seligpreisung – mit der Verheißung, Söhne und Töchter des Vaters im Himmel zu sein, motiviert. Am Verhalten der Kinder soll das Wesen des Vaters deutlich werden.

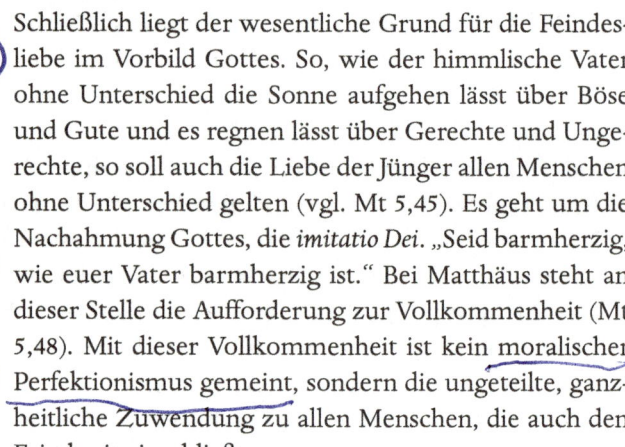

- Schließlich liegt der wesentliche Grund für die Feindesliebe im Vorbild Gottes. So, wie der himmlische Vater ohne Unterschied die Sonne aufgehen lässt über Böse und Gute und es regnen lässt über Gerechte und Ungerechte, so soll auch die Liebe der Jünger allen Menschen ohne Unterschied gelten (vgl. Mt 5,45). Es geht um die Nachahmung Gottes, die *imitatio Dei*. „Seid barmherzig, wie euer Vater barmherzig ist." Bei Matthäus steht an dieser Stelle die Aufforderung zur Vollkommenheit (Mt 5,48). Mit dieser Vollkommenheit ist kein moralischer Perfektionismus gemeint, sondern die ungeteilte, ganzheitliche Zuwendung zu allen Menschen, die auch den Feind mit einschließt.

- Im Matthäusevangelium kommt als letzte der sogenannten Antithesen Jesu das Überbieten der schon im AT angeordneten Nächstenliebe (3 Mose 19,18) hinzu. Unter dem Nächsten wurde jemand verstanden, der zum eigenen Volk gehört bzw. als Fremdling aufgenommen wurde. Die Liebe wird hier auf das eigene Volk bzw. die eigene Gruppe begrenzt. Davon klar unterschieden erscheint der Feind, der zu hassen sei. Dass Hass gegenüber dem Feind geboten ist, findet sich so ausdrücklich nicht im Alten Testament, ist aber aus den Schriften von Qumran bekannt. Dem persönlichen Feind oder Widersacher (Singular) Gutes zu tun, wird vereinzelt schon im Alten Testament geboten, aber nicht weiter ausgeführt. So wird in 2 Mose 23,4-5 gefordert, den in Not geratenen Tieren des Widersachers zu helfen, und den Feind, der hungert und dürstet, zu versorgen (Spr 25,21). Jesus entgrenzt mit seiner Antithese „ich aber sage euch ..." die Liebe prinzipiell und weitet sie auf alle Feinde (Plural) aus. Diese Liebe bezieht sich nicht nur auf den Nächsten, sondern auch auf den Fernsten, nicht nur auf den Freund, sondern auch auf den Feind. Gerade dadurch bringt die Feindesliebe das Wesen der Liebe im Sinne der Agape, der Liebe Gottes, zum Ausdruck.

Konkretionen der Feindesliebe als Weg zum Frieden

Der Verzicht auf Vergeltung und die Forderung nach Gewaltlosigkeit sind wesentliche Elemente auf dem Weg zum Frieden. „Denn wer das Schwert nimmt, wird durch das Schwert umkommen" (Mt 26,52). Jesus hebt in Mt 5,38 das Recht, Gleiches mit Gleichem zu vergelten, das sogenannte *ius talionis* („Auge um Auge, Zahn um Zahn"), auf. Martin Luther King bemerkte dazu: „Das alte Gesetz von ,Auge um Auge' hinterlässt auf beiden Seiten Blinde." In

Lk 6 wird das Gebot der Feindesliebe durch eine Reihe von kurzen, prägnanten Aufforderungen ergänzt:

- Tut wohl denen, die euch hassen.
- Segnet, die euch verfluchen.
- Bittet für die, die euch misshandeln.

In dieser Dreierreihe, die eine Steigerung von der inneren Einstellung (hassen) über Worte (verfluchen) hin zu konkreten Taten (misshandeln) vonseiten der Feinde enthält, geht es nicht nach dem Motto „wie du mir, so ich dir". Stattdessen wird die zu erwartende Reaktion durch ihr Gegenteil ersetzt: Hass wird nicht mit Hass zu erwidert, sondern durch Wohltun, Fluch wird durch Segnen überwunden, und für die, die schädigen, wird gebetet, anstatt sich auf eine Eskalation der (auch verbalen) Gewalt einzulassen und so vom Bösen besiegt zu werden. In allen Fällen wird durch aktives, unerwartetes Verhalten (Wohltun, Segnen, Fürbitte) ein Teufelskreis durchbrochen. Insbesondere der Aspekt der Fürbitte macht deutlich, dass dieses Verhalten den Gottesbezug voraussetzt und wir mit anderen so umgehen sollen, wie Gott mit uns umgeht. Im Hintergrund dieser Aussagen steht wohl die konkrete Erfahrung der urchristlichen Gemeinde, die sich Hass, Schmähungen und Verfolgung ausgesetzt sieht (vgl. Lk 6,22; Mt 5,11).

Zugleich wird an den geforderten Reaktionen deutlich, dass Liebe im Sinne der Agape nicht als Sympathie gegenüber Liebenswertem zu verstehen ist. Agape erwartet auch nicht, dass diese Liebe genauso erwidert wird („leiht, wo ihr nichts zurück erhofft"). Zum einen gilt Liebe bedingungslos und trägt ihre Motivation in sich selbst. Sie liebt, weil sie Liebe ist. Zweitens sind alle Verben in unserem Text Handlungsverben. Bei der Liebe selbst zum Feind geht es also nicht primär um ein Gefühl, sondern um konkretes Verhalten und Tun. Das wird in der Beispielgeschichte vom barmherzigen Samaritaner verdeutlicht (Lk 10,25–36). Auch wenn der Anlass für diese Geschichte die Frage nach der Nächstenliebe ist, handelt es sich um einen Akt der Feindesliebe, wenn man bedenkt, dass Samaritaner und Juden zur Zeit Jesu verfeindet waren (vgl. Lk 9,52–55; Joh 4,9b).

Die Ursachen des Unfriedens überwinden

Wenn wir die Friedensethik Jesu vollständig erfassen wollen, dann geht dies über die konkreten Frieden stiftenden Schritte hinaus an die Wurzeln alles Unfriedens, die Jesus sehr deutlich benennt. Stichworte, die uns dabei unter anderem begegnen, sind: Habgier und Besitzstreben, Geltungs- und Ehrsucht, Konkurrenzdenken und Eifersucht, Rache/Vergeltung, Neid und Unzufriedenheit sowie die ängstliche Sorge um die eigene Existenz. Es ist die Selbstbezogenheit des Menschen, der zuerst sich selbst sucht und in Selbstsucht landet, der das Leben im Haben finden will und dabei habgierig wird. Es ist letztlich der Mensch, der den liebenden Vater im Himmel nicht kennt (Mt 6,32), sondern stattdessen in Egozentrik verhaftet bleibt.

Deshalb warnt Jesus regelmäßig vor Habgier (wie in Lk 12,15) und Ehrsucht. Gottesdienst und Geldliebe, Glaube und Ego-Glamour vertragen sich schlecht (Mt 6,24; Joh 5,44). Dagegen fordert er dazu auf, von ihm zu lernen, der sanftmütig (gewaltfrei) und von Herzen demütig ist (Mt 11,29). In der Schule Jesu sollen seine Jünger lernen, Barmherzigkeit zu üben, Not zu lindern, zu teilen, nicht zu verletzen (auch nicht durch Worte), sondern zu vergeben (also auch unter Umständen berechtigte Ansprüche loszulassen, vgl. Mt 6,14f.), wie ihnen selbst von Gott vergeben wurde. Die Jünger sollen nicht sorgen, sondern sich auf die Fürsorge Gottes verlassen (Mt 6,25–34). Diese Lebenseinstellung, die Frieden erst ermöglicht, wurzelt bei Jesus im bedingungslosen Vertrauen auf Gott, der gütig und barmherzig ist. Erst dieses Vertrauen ermöglicht eine große, ja überweltliche Freiheit, eine Freiheit, die freigiebig ist: Sie kann teilen und abgeben, ohne mit entsprechender Rückerstattung zur rechnen. Sie geht sogar freiwillig die extra Meile und gibt mehr als gefordert. Sie verzichtet auf das Richten und Verurteilen, indem sie das Gericht ganz Gott überlässt (Mt 7,1ff.; Lk 6,37). Sie gibt den Anderen frei, indem sie vergibt und selbst Böses mit Gutem vergilt. Dadurch wird der Kreislauf von Gewalt und Ungerechtigkeit durchbrochen. Jesus hat das nicht nur von seinen Jüngern erwartet, sondern selbst vorgelebt.

Wenn Jesus in Joh 18,23 den Knecht des Hohenpriesters, der ihn geschlagen hat, nach dem Grund und der Berechtigung für sein Verhalten fragt, dann steht das nicht im Widerspruch zu der Forderung aus Mt 5,39, dem Bösen nicht zu widerstehen und auch die andere Wange hinzuhalten. Gewaltlosigkeit bedeutet nicht, auf Gerechtigkeit zu verzichten. Vielmehr schließt der Frieden Gerechtigkeit ein. Die Rückfrage Jesu soll den, der die Gewalt ausübt, zur Selbstbesinnung über sein unrechtes Verhalten bringen. „Das von Jesus geforderte Verhalten ist kein passives Sich-Ausliefern an das Böse, sondern ein aktives, gewaltfreies Widerstehen von Machtlosen mit dem Ziel, Unrecht zum Bewusstsein zu bringen und zu überwinden."[1]

Selbst am Ende betet Jesus noch für die, die ihn zu unrecht verspotten und kreuzigen (Lk 23,24). Erst nach Ostern verstehen die Jünger, dass gerade durch diesen Tod Jesu für uns die Macht der Sünde und des Todes gebrochen ist und wir durch ihn Frieden mit Gott haben. Der Apostel Paulus schreibt im Brief an die Römer, dass Christus für uns gestorben ist, als wir noch Feinde waren. Deshalb haben wir „Frieden mit Gott durch unseren Herrn Jesus Christus." (Röm 5,1–11) In diesem Frieden liegt die Quelle für wahren und dauerhaften Frieden auch zwischen Menschen.

Die Friedensethik Jesu im Horizont des Reiches Gottes

Die Friedensethik Jesu ist Ethik des Reiches Gottes, eine Ethik der Hoffnung. Gleichzeitig ist sie als Nachfolge-Ethik Lehre für die Jünger und Jüngerinnen, die Jesus nachfolgen. Dieses Friedenstiften im Sinne Jesu erwartet nicht – aber er erhofft –, dass sich auch andere von dem Frieden

---

1   Gerd Theißen/Annette Merz: Der historische Jesus. Ein Lehrbuch, 3. Aufl., Göttingen 2001, S. 349.

anstecken und verändern lassen. Von hier aus, aus der Mitte der durch Christus erneuerten Person und der Gemeinschaft der Jesus-Leute, soll der Frieden Raum gewinnen in einer friedlosen, von den Strukturen der Sünde geprägten Welt – in der Erwartung, dass Gott selbst sein Reich des Friedens vollendet, um das wir im Vaterunser beten. Im Johannesevangelium (15,27) sagt Jesus seinen Jüngern: „Frieden lasse ich euch, meinen Frieden gebe ich euch. Nicht gebe ich euch, wie die Welt gibt. Euer Herz erschrecke nicht und fürchte sich nicht." Dieser Friede kann gesellschaftlich nicht eingefordert werden. Aber er kann, wenn auch nur punktuell, verwirklicht und erfahren werden. Wo immer die Friedensethik Jesu schon jetzt fragmentarisch verwirklicht wird, ist sie ein Zeichen des kommenden Reiches Gottes. So ist sie bleibender Bezugspunkt und wesentlicher Impuls für alle konkreten Bemühungen um einen gerechten Frieden in der Welt.

SCHALOM IM ALTEN TESTAMENT

Thomas Symank

Schalom Chaverim heißt es in einem bekannten israelischen Lied: „Friede (mit euch), Freunde!" Wer nach Israel reist, wird schnell feststellen, dass Schalom als universale Grußformel dient – zur Begrüßung wie zum Abschied. *Schalom* ist ein altes Wort, das im hebräischen Alten Testament an vielen Stellen verwendet wird. Aber was bedeutet *Schalom* in diesen Texten? Ein genauer Blick zeigt schnell, dass das Wort ein weiteres Bedeutungsspektrum hat als die deutsche Standardübersetzung „Friede".

Schalom als Grußformel

Zunächst können wir beobachten, dass *Schalom* im Alten Testament an vielen Stellen ganz ähnlich verwendet wird wie im modernen Israel: als Grußformel. So begrüßt zum Beispiel der Mann aus Gibea in Ri 19,20 seinen levitischen Gast: „Friede sei mit dir!" (Dass die Geschichte alles andere als friedlich endet, kann dabei außer Acht bleiben.) In gleicher Weise lässt David in 1 Sam 25,6 seine Männer Nabal begrüßen. Häufig wird diese Grußformel indirekt formuliert, so zum Beispiel in 1 Mose 37,4, wo es wörtlich heißt: „Sie konnten ihm nicht mehr Frieden sagen"; oder in 1 Mose 43,27, wo Josef die Brüder wörtlich „nach Frieden" fragt. In deutschen Übersetzungen wird an solchen Stellen meist umformuliert und „grüßen" oder „sich nach dem Wohlergehen erkundigen" geschrieben.

Aus solchen Grußformeln allein lässt sich kaum bestimmen, was die Grüßenden sich da eigentlich wünschen. Ohnehin sind sie sicher oft bloße Floskeln; so, wie das im Süden Deutschlands häufig anzutreffende „Grüß Gott" wenig bis gar nichts über die Glaubensüberzeugungen des Sprechers aussagt, kann auch das hebräische „Frieden!" reine Formsache sein. Wir können aber festhalten, dass *Schalom* im Alten Testament ein positiv belegter Begriff ist – sonst würde man ihn sich nicht zum Gruß zusprechen, auch nicht als Floskel.

Schalom als politischer Friede

Mehr Aufschluss über den Bedeutungsinhalt des Begriffs geben andere Stellen. Zunächst sind hier alle jene Passagen zu beachten, in denen *Schalom* das Gegenteil von Streitigkeiten und Krieg bedeutet. Dies ist zum Beispiel in 5 Mose 20,10-12 der Fall:

„Wenn du dich einer Stadt näherst, um gegen sie zu kämpfen, dann sollst du ihr zunächst Frieden anbieten. Und es soll geschehen, wenn sie dir friedlich antwortet und dir öffnet, dann soll alles Volk, das sich darin befindet, dir zur Zwangsarbeit unterworfen werden und dir dienen.

Und wenn sie mit dir nicht Frieden schließt, sondern Krieg mit dir führt, dann sollst du sie belagern."

Schalom erscheint hier als direkter Gegensatz zum Krieg. Genauso ist es in Mi 3,5: „So spricht der HERR über die Propheten, die mein Volk irreführen: Wenn sie etwas zu beißen haben, rufen sie: Frieden! Wer ihnen aber nichts ins Maul gibt, gegen den heiligen sie einen Krieg." Noch deutlicher tritt der Gegensatz in dem bekannten Gedicht in Koh 3,8 zutage: „… eine Zeit für Krieg und eine Zeit für Frieden."

Schalom ist in diesem Zusammenhang politischer Friede, also der Zustand, in dem zwischen Nationen oder Städten Frieden herrscht. Das kann bedeuten, dass der Gegner, der ein Friedensangebot annimmt, „nur" der Zwangsarbeit unterworfen wird (aus heutiger Sicht kein besonders friedlicher Zustand); es kann aber auch heißen, dass man sich ganz in Ruhe lässt oder sogar miteinander Handel treibt und diplomatische Beziehungen pflegt.

Das Beispiel aus 5 Mose 20 zeigt, dass solcher Friede auch gezielt ausgehandelt und vereinbart werden kann, wie es häufig Teil von Vertragsschlüssen im Alten Testament ist. So geschieht es in Jos 9,15, als die kanaanäischen Gibeoniter Josua austricksen, indem sie sich als Bewohner eines weit entfernten Landes ausgeben und die Israeliten dazu bringen, ein Friedensabkommen mit ihnen zu schließen; da die Israeliten ihren Schwur nicht brechen dürfen, können sie Gibeon in der Folge nicht erobern, sondern dessen Einwohner „nur" zum Frondienst zwingen.

In 1 Kön 5,15.26 lesen wir, dass Salomo und König Hiram von Tyrus den Frieden, der schon seit Davids Zeiten zwischen den beiden Königreichen geherrscht hat, mit einem Bundesschluss offiziell machen. Aus dem Kontext geht hervor, dass dieser Friedensschluss vor allem wirtschaftliche Zwecke hat: Salomo importiert aus Tyrus Holz für den Bau des Jerusalemer Tempels.

Daneben kommt es erwartungsgemäß auch vor, dass dem Frieden Krieg vorausgeht. In Ri 21 endet ein blutiger Konflikt zwischen dem Stamm Benjamin und dem restlichen Israel damit, dass die Israeliten Boten nach Benjamin senden und ihnen „Friede!" zurufen lassen (V 13). Hier ist der Ausruf natürlich nicht als Gruß (wie oben dargestellt) zu verstehen, sondern gilt den Benjaminitern als Friedensangebot. (Vergleichbar ist auch 2 Kön 9,17-22, als König Joram von Israel den heranreitenden Jehu mehrmals fragen lässt: „Ist es Friede?", also wissen möchte, ob jener in friedlicher Absicht kommt oder nicht).

Wenn in all diesen Texten *Schalom* den Gegensatz zu Kämpfen und Krieg darstellt, ist damit impliziert, dass dieser Friede all das ausschließt, was zu Kriegszeiten gehört: Gewalt, Tod, durch Menschen herbeigeführte Hungersnöte und Seuchen, das Auseinanderreißen von Familien, die Vernichtung von Eigentum usw.

Schalom in Abschiedsformeln

Aus dem Bedeutungsaspekt des politischen Friedens entwickelt sich eine weitere formelhafte Wendung, die im Alten Testament sehr häufig erscheint: „in Frieden gehen/ ziehen". Die Belege sind zahlreich. In Ri 11,31 legt Jiftach ein Gelübde ab für den Fall, dass er „in Frieden von den Söhnen Ammon zurückkehre". Ähnlich verhält es sich in 1 Sam 20,13, wo David „in Frieden" von Saul fortgehen kann; in 2 Sam 3,23, wo David Abner „in Frieden" ziehen lässt; in 1 Kön 22,28, wo der Prophet Micha dem Ahab prophezeit, dass er nicht „in Frieden" aus der Schlacht zurückkehren wird; oder in Jer 43,12, wo über Nebukadnezar gesagt wird, dass er „in Frieden" von Ägypten wegziehen wird (nachdem er es erobert hat). In all diesen Passagen geht es um Situationen, in denen jemand unbehelligt aus einer Kriegs- oder Gefahrensituation entkommt (Weniger glücklich geht es allerdings in 2 Sam 18,32 aus, als David fragt, ob sein Sohn Absalom die Schlacht unversehrt überstanden hat – wörtlich etwa: „Hat der Junge Frieden?" Absalom ist zu diesem Zeitpunkt bereits tot).

Dieselbe Sprache wird aber auch in Situationen verwendet, in denen die drohende Gefahr geringfügiger oder gar nicht klar umrissen ist; so in Ri 18,6, wo den Danitern Gottes Schutz für ihre Reise zugesprochen wird; oder in 1 Sam 25,35, als David Abigajil in Frieden ziehen lässt (nachdem er sie bereits für ihr Verhalten gepriesen hat und damit schon feststeht, dass sie von seiner Seite her nichts mehr zu befürchten hat). In 1 Sam 1,17 lässt der Priester Eli Hanna „in Frieden" ziehen, nachdem er sie zuvor aufgrund eines Missverständnisses erst zurechtgewiesen, dann aber gesegnet und ihr einen Sohn verheißen hat.

Schließlich kann diese Ausdrucksweise auch als reine Abschiedsformel dienen, ohne irgendwelche Rückschlüsse über das Vorausgegangene zuzulassen. Beispielsweise verabschiedet Jitro seinen Schwiegersohn Mose in 2 Mose

4,18 mit den Worten „Geh hin in Frieden!"; ebenso David den Absalom in 2 Sam 15,9 und Elisa den Naaman in 2 Kön 5,19.

All die genannten Varianten von „in Frieden gehen/ ziehen" meinen, dass die genannte Person unbehelligt und unversehrt an den Zielort gelangt bzw. nach Hause zurückkehrt; also so, wie sie ausgezogen ist. Dies kann als Feststellung berichtet werden oder eben im Sinne eines Wunsches in der Abschiedsformel.

Schalom in unpolitischen Zusammenhängen

Neben den bisher präsentierten Gruß- und Abschiedsformeln und der Verwendung von *Schalom* im Kontext von Krieg wird *Schalom* im Hebräischen auch in nicht politischen Zusammenhängen gebraucht. Hier werden die genauen Bedeutungsmöglichkeiten unschärfer als bisher. Hilfreich ist es zu betrachten, neben welchen anderen positiv belegten Begriffen *Schalom* erscheint. Besonders die poetisch-prophetischen Bücher sind hier nützlich, da sie gerne vom typisch hebräischen Parallelismus Gebrauch machen und zu diesem Zweck mit Synonymen, Entsprechungen und Vergleichen arbeiten.

Neben *Schalom* erscheint so z. B. *Recht und Gerechtigkeit* (Ps 72,3.7; 85,11; Jes 9,6; 32,17; 48,18; 59,8; 60,17), *Heilung* (Jes 53,5; 57,19; Jer 8,15; 14,19; 33,6), *Gutes* (5 Mose 23,7; Esra 9,12; Ps 34,15; Jes 52,7; Jer 8,15; 14,19; 33,9; Klgl 3,17), *Wahrheit bzw. Treue oder Aufrichtigkeit* (2 Kön 20,19; Est 9,30; Jes 39,8; Jer 33,6; Sach 8,16.19; Mi 2,6), *Ruhe* (1 Chr

22,9; Ps 122,6; Jes 32,17), *Herrlichkeit* (Jes 66,12; Hag 2,9), *Gnade und Erbarmen* (Jes 54,10; Jere 16,5), *Leben oder langes Leben* (Spr 3,2; Mi 2,5; dort ist im Kontext zusätzlich von Gottesfurcht und zuverlässiger Weisung die Rede), *Freude* (Spr 12,20; Jes 55,12), *Zukunft und Hoffnung* (Jer 29,11), *Unterweisung* (durch Gott, Jes 54,13), *Rettung* (Jes 52,7) und *Kraft* (Ps 29,11).

Umgekehrt erscheint *Schalom* (außer als Antonym zu Krieg, Kampf etc., was schon weiter oben besprochen wurde) als Gegensatz zu Begriffen wie *Böses bzw. Unheil* (Ps 28,3; 34,15; Spr 12,20; Jes 45,7; Jer 23,17; 29,11; 38,4), *Furcht oder Schrecken* (Ijob 21,9; Jer 8,15; 14,19; 30,5; Ez 7,25), *Betrug oder Unrecht* (Ps 35,20; Spr 12,20; Jer 9,7; Mi 2,6), *Beunruhigung* (2 Chr 15,5), *Torheit* (Ps 85,9) und *Straucheln* (Ps 119,165).

Natürlich ist Sorgfalt geboten, wenn man von Begriffen aus dem Umfeld von *Schalom* auf dessen Bedeutung schließen will. Nicht jedes positiv belegte Wort, das neben *Schalom* erscheint, muss ihm inhaltlich entsprechen. Die angeführten Aufzählungen zeigen dennoch recht schnell, dass *Schalom* einen sehr breiten Bereich der Lebenswelt abdeckt. Das Wort erscheint in Zusammenhängen, die sowohl Einzelne betreffen können als auch das ganze Volk Israel oder andere Völker; es steht in moralisch-argumentativen Texten wie in emotional-appelierenden oder in sachlich-beobachtenden; in Passagen aus dem profanen Bereich wie aus dem kultischen.

Während *Schalom* im politischen Sinn oft keine geistlich-theologische Konnotation hat, sieht es bei den hier genannten Texten anders aus. Sehr häufig ist es Gott, der

Schalom in all seinen Aspekten schenkt. Dies gilt auch an vielen Stellen, wo Gott nicht explizit als Urheber des Friedens genannt wird, zum Beispiel in Ps 119,165: „Großen Frieden haben die, die dein Gesetz lieben. Sie trifft kein Straucheln." Der Kontext des Psalms macht klar, dass dieser „große Frieden" von Gott kommt. (Genauso kann Gott Frieden auch wieder nehmen wie beispielsweise in Jer 16,5.)

Eher selten liegt dagegen der Fokus darauf, dass *Menschen* nach Frieden streben sollen; so zum Beispiel in Jer 29,7 oder in Ps 34,15, dem Text der Jahreslosung. Auch in solchen Passagen setzt das Alte Testament voraus, dass dieses Streben nach Frieden das Streben gläubiger, weiser Menschen ist – dass auch darin also Gott am Werk ist und es letztlich Gottes Friede ist, der durch Menschen verbreitet wird.

Gottes Friedensbund

Unter den Passagen, die sich besonders eingehend mit Gott als Stifter von *Schalom* beschäftigen, fallen einige auf, in denen die Propheten von einem „Bund des Friedens" sprechen, den Gott schließt. In Jes 54,9-10 heißt es: „Wie die Tage Noahs gilt mir dies, als ich schwor, dass die Wasser Noahs die Erde nicht mehr überfluten sollten, so habe ich geschworen, dass ich dir nicht mehr zürnen noch dich bedrohen werde. Denn die Berge mögen weichen und die Hügel wanken, aber meine Gnade wird nicht von dir weichen und mein Friedensbund nicht wanken, spricht der HERR, dein Erbarmer."

In Analogie zum Noahbund aus 1 Mose 9 (bei dem nicht explizit von *Schalom* die Rede ist, in dem Gott sich aber in der Folge der Sintflut den Menschen wieder zuwendet und eine zukünftige erneute Vernichtung ausschließt) wird hier vom Friedensbund Gottes mit Israel im Anschluss an das babylonische Exil gesprochen, also von der Zusage Gottes, dass Israels Schuld, die zur Verbannung geführt hatte, gesühnt und das Verhältnis zu Gott völlig wiederhergestellt ist. In den eben zitierten Versen wird dieser Friedensbund als eine Zeit dargestellt, in der Gottes Gnade gegenüber dem Volk feststeht und keine Strafe mehr droht; der Rest des Kapitels spricht außerdem davon, dass Gott das Volk Israel wieder sammeln wird, dass es wachsen und sich ausbreiten wird, dass es sich nicht mehr schämen muss, dass seine nächsten Generationen von Gott selbst gelehrt werden, und dass keine feindlichen Angreifer mehr diesem Volk schaden werden.

Ganz ähnlich wird auch in Ez 34,25 und 37,26 von einem „Bund des Friedens" gesprochen, den Gott mit Israel schließt: Auch dort beinhaltet dieser Bund die Rückführung aus dem Exil, das Wachstum des Volkes und die Fruchtbarkeit des Landes, Schutz vor wilden Tieren oder feindlichen Armeen im eigenen Land und das Ende von Scham, Götzendienst und Sünde.

Ein Sonderfall ist 4 Mose 25,12, wo Gott einen „Bund des Friedens" mit dem levitischen Priester Pinhas (dem Enkel Aarons) und seinen Nachkommen schließt, der ihnen ein „ewiges Priestertum" garantiert. Vielleicht ist an diesen Bund gedacht, wenn in Mal 2,5 von einem „Bund mit Levi" die Rede ist, der für Levi „Leben und Frieden" bedeutete.

Gemeinsam ist all diesen Bünden, dass sie einseitig sind – es handelt sich jeweils um unilaterale Zusagen oder Versprechen Gottes, die bedingungslos in Kraft treten. Damit sind sie besondere Erweise von Gottes Liebe und Erbarmen gegenüber seinem Volk. Es ist bezeichnend, dass Jesaja, Ezechiel und 4 Mose als „Titel" für diese überwältigenden Versprechen Gottes den „Bund des *Schalom*" wählen.

Ergebnis

Es zeichnet sich ab, dass *Schalom* ganz generell, im Sinne eines Oberbegriffs, für einen Zustand steht, in dem „alles bestens" ist – auf zwischenmenschlicher, emotionaler, materieller, gesundheitlicher, geistlicher und anderen Ebenen. Dass auch die politische Ebene darin eingeschlossen ist, wurde schon gezeigt.

Zugleich ist exegetische Vorsicht geboten: Auch wenn *Schalom* derart vielseitig eingesetzt werden kann, bedeutet dies nicht, dass überall, wo der Begriff Verwendung findet, das ganze Bedeutungsspektrum gemeint ist. Welche Aspekte im Blick sind, muss aus dem jeweiligen Kontext geschlossen werden. Wenn Salomo mit Hiram Frieden schließt, so betrifft dies die politische Ebene, vielleicht noch die persönliche Beziehung zwischen den beiden Königen – es sagt aber sicher nichts über den gesundheitlichen oder geistlichen Zustand der beiden. Sie haben Frieden also „nur" in bestimmten Punkten, nicht vollständigen *Schalom* in all seinen Facetten. Gleiches gilt, wenn Asaf sich in Ps 73,3 über das Wohlergehen (wörtlich *Schalom*) der Gottlosen beklagt: Hier geht es, wie die folgenden Verse deutlich machen, vor allem um ihre Gesundheit und ihren Wohlstand. Andererseits sind nicht nur ihre zwischenmenschlichen Beziehungen, sondern insbesondere die Beziehung zu Gott gestört (was sie letzten Endes zu Fall bringen wird, wie der Psalm sagt). Wenn 4 Mose 25,12 und wohl auch Mal 2,5 von Gottes Bund mit Pinhas bzw. den Priestern sprechen, dann geht es in erster Linie um geistlichen oder kultischen *Schalom*, also um die hervorgehobene Rolle der Priester im Verhältnis des Volkes zu Gott – nicht aber um ihr körperliches oder politisches Wohl.

Ebenso ist vermutlich auch bei der Begrüßung „Friede (mit dir)!" nicht das ganze Bedeutungsspektrum von *Schalom* im Blick, sondern in erster Linie das leibliche, vielleicht auch materielle Wohlergehen. Dass auch die Abschiedsformel „Geh in Frieden!" vor allem die körperliche Unversehrtheit meint, wurde schon gesagt.

Nur selten wird *Schalom* so verwendet, dass an die ganze Breite von „Frieden" gedacht ist. Dies ist der Fall in den zuvor betrachteten Jesaja- und Ezechielpassagen zum „Friedensbund", wo das Bild einer in jeglicher Hinsicht vollkommenen, heilen Zukunft gezeichnet wird. Ähnlich umfassend zu verstehen ist *Schalom* wahrscheinlich in Ps 72,3.7, wo es um den erhofften Frieden unter einem neuen König geht, und in Ps 85,9; Jes 57,19; Jer 29,11; 33,6.9; Nah 2,1; Hag 2,9, die alle – wie Jes 54 und Ez 34 und 37 – über den zukünftigen von Gott geschenkten Frieden sprechen.

Genauso umfassend dürfte das Wort schließlich auch in 4 Mose 6,26, im letzten Vers des sogenannten aaronitischen Segens, wie wir ihn bis heute einander zusprechen, zu verstehen sein: „Der HERR erhebe sein Angesicht auf dich und gebe dir Frieden". Das heißt also nicht nur: er gebe dir politischen Frieden, sondern es heißt auch: er gebe dir Frieden in deinen Beziehungen, Gesundheit, langes Leben und was du (materiell) dazu brauchst, innere Harmonie und Ruhe, Versöhnung und Frieden mit Gott.

Thematische Anknüpfungen

MIT AUSGESTRECKTEN HÄNDEN

Meditation zum Titelbild von Inge Heinicke-Baldauf
und zur Jahreslosung

Johannes Beer

Auf den ersten Blick

Helle Pastelltöne bestimmen den ersten Eindruck des
Bildes von Inge Heinicke-Baldauf zur Jahreslosung 2019.
Warme Gelbtöne kommen von oben und gehen in helle
Beigetöne über, die ein bisschen an die Farbe menschlicher
Haut erinnern. Flecken wie von aufgetrocknetem Wasser
liegen vor diesem Farbverlauf. Links und rechts wird dieser durch magenta-violette Flächen begrenzt. Dabei ist die
linke sehr aufgehellt, so dass die Farbe nur am Rand deutlicher hervortritt. Die rechte Fläche, die nur die untere Hälf-
te des Bildrandes einnimmt, ist dagegen relativ dunkel und
kräftig. Zusammen mit den sie umgebenden blaugrauen
Flächen ist dies der dunkelste und farbkräftigste Bereich
des Bildes.

Vor den Farbflächen und -verläufen sehen wir in zarten
Linien eine Zeichnung. Relativ schnell tritt im Zentrum
des Bildes eine Taube durch die Umrisszeichnung hervor.
Sie hat die Flügel ausgebreitet und scheint – die doppel-
te Linienführung vermittelt diesen Eindruck – flatternd

zu fliegen. Vor der Taube ziehen sich Linien horizontal durchs Bild, ohne dass sie sich beim ersten Sehen gegenständlich erklären lassen. Darunter erkennen wir zwei ausgestreckte Hände. Auch sie sind nur mit zarten Umrisslinien angedeutet. Sie strecken sich in Richtung der Taube, so dass sich eine Diagonalbewegung von rechts unten nach links oben ergibt. Und durch das Flattern oder Fliegen der Taube gibt es gleichzeitig eine Gegenbewegung von links oben nach rechts unten. Unterstützt wird diese optische Diagonale durch die Farbverläufe.

Die Taube

Die Taube ist trotz der wenigen Striche klar auf dem Bild von Inge Heinicke-Baldauf zu erkennen. Jeder und jede kennt und erkennt eine Taube. Sie bevölkern unsere Städte und sind an allen Ecken, Straßen und Plätzen zu finden. Man kann sie nicht übersehen und ihnen manchmal nur schwer ausweichen. Tauben sind, wenn ich durch unsere Stadt gehe, immer präsent. Sie fliegen vor mir auf oder auch auf mich zu, um vor mir zu landen. Man muss sie gar nicht füttern, damit sie einen argwöhnisch nach etwas Essbarem beäugen. Immer wieder werden sie als Plage empfunden und manchmal als „Ratten der Lüfte" bezeichnet, da sie sich auch von Abfällen ernähren. Auch können sie sehr viele für den Menschen gefährliche Krankheiten übertragen. Ihr Kot ist ätzend und greift unzählige Gebäude an.

Trotzdem genießt die Taube eine besondere Hochachtung und steht in unserer Gesellschaft für manche guten

Eigenschaften. Die Taubenzucht ist – nicht nur im Ruhrgebiet, wo das „Rennpferd des kleinen Mannes" sehr weit verbreitet war – ein beliebtes Hobby und auch der sogenannte Taubensport ist weit verbreitet. Geht es in Deutschland dabei meist um Brieftauben und seltener um Masttauben, so gibt es doch auch Züchtungen mit ästhetischen Eigenheiten beim Flugverhalten oder der Optik, zum Beispiel weiße Tauben mit breit gefächertem Schwanz.

Eigentlich bewohnt die Wildform der Taube Felsen, in deren Höhlen und Nischen sie nistet. Dadurch findet sie in den Städten ideale Lebensbedingungen. Schon sehr früh wurde sie domestiziert und war in der Antike als Fleischlieferant weit verbreitet. So ist die Taube der einzige Vogel, der im Alten Testament als Opfertier genannt wird. Nach der Erzählung des Lukasevangeliums (Lk 2,24) opfern auch die Eltern Jesu zu dessen Beschneidung zwei junge Tauben.

Im Alten Orient gilt die Taube seit dem dritten Jahrtausend vor Christus als Begleittier der Liebesgöttin Ischtar und wurde später dann auch von Aphrodite und Venus als Attribut übernommen. Der Grund dafür ist wahrscheinlich das auffällige Paarungsverhalten der Tiere. Das dabei gezeigte Schnäbeln der Tauben wurde als Küssen gedeutet und mit menschlichem Verhalten gleichgesetzt.

Diese Zuordnung der Tauben spiegelt sich auch im Hohenlied Salomos wider, wo die Tauben in der reichen Bildsprache der Liebeslyrik auf unterschiedlichste Weise die Geliebte, deren Schönheit oder deren Liebesblick symbolisieren. Diese Symbolik der Liebe, der Schönheit und der Reinheit spielen bis heute eine Rolle, sodass immer öfter nach einer Trauung weiße Tauben fliegen gelassen werden.

Auf die Erzählung von der Taufe Jesu am Jordan durch Johannes den Täufer geht zurück, dass die Taube auch zum Symbol für den Heiligen Geist geworden ist (Mt 3,16). Als solches ist sie in der christlichen Ikonographie weit verbreitet, zum Beispiel mit Gott Vater und dem Gekreuzigten zusammen, aber auch einzeln, wie zum Beispiel im Hochaltar des Petersdoms in Rom oder unter vielen Schalldeckeln von Kanzeln, wo sie vielfach dargestellt wurde und wird.

Die Taube galt im Judentum und bei den Griechen als lauter, wehrlos und rein. Darin war sie ein Vorbild. Von daher wird Jesu Aufforderung (Mt 10,16), ohne Falsch wie die Tauben zu sein, verständlich.

Nur sind Tauben, so versichern uns ornithologische Verhaltensforscher immer wieder, untereinander nicht besonders friedlich. Sie haben ein recht großes Aggressionspotenzial, gelten als sehr angriffslustig und hacken aufeinander ein. Eine verhaltensbiologische Entsprechung zum Friedenssymbol gibt es bei Tauben also leider nicht.

Die Hände

Wenn ich meine Hände vor mir ausstrecke, kann ich sie so sehen, wie sie auf dem Bild von Inge Heinicke-Baldauf gezeichnet sind. Die Finger sind gerade und leicht gespreizt. Wollen diese Hände loslassen oder zufassen?

Unsere Hände können viel. Sehr viel sogar. Sie sind ein

ideales Werkzeug, das wir vielfältig nutzen. Wir können damit greifen und festhalten. Wir können loslassen und Abstand halten. Wir können streicheln und liebkosen. Aber wir können auch schlagen und verletzen. Es gibt so viele gute Möglichkeiten, aber auch so viele schreckliche und böse. Unsere Hände können Frieden stiften, wenn wir sie füreinander öffnen, sie uns gegenseitig reichen oder einander annehmen. Unsere Hände können aber leider auch Auseinandersetzung und Krieg verursachen, wenn wir sie vor anderen verschließen, sie ballen und drohend erheben oder gegen andere einsetzen. Erst recht unterschiedlich ist das, was wir an Werkzeug in die Hand nehmen und was wir dann damit machen, was wir festhalten und woran wir uns klammern. Aber unsere Hände können auch versuchen, den Frieden zu ergreifen, zu fördern und zu halten.

Neulich habe ich einen kleinen Jungen beobachtet, der in der Fußgängerzone unbedingt eine Taube fangen wollte. Er rannte tapsig hinter dem Vogel her und hatte dabei die Hände genauso ausgestreckt, wie sie auf Inge Heinicke-Baldaufs Bild gezeichnet sind. Die Taube war mit dem Aufpicken von Brotkrumen beschäftigt und wollte sich nicht stören lassen. Sie hatte wenig Scheu und war offensichtlich als Stadt-, beziehungsweise Fußgängerzonentaube, die Nähe von Menschen gewohnt. So ließ sie den kleinen Jungen mit den ausgestreckten Händchen immer wieder sehr nahe an sich herankommen. Nur, wenn der kleine Junge ihr dann zu nahe kam, flog sie kurz auf und setzte sich ein kleines Stück weiter wieder hin, um erneut etwas aufzupicken. Immer wieder ging das so. Es schien fast, als wollte die Taube den Jungen foppen, als spielte sie mit ihm und forderte ihn auf, ihr nachzujagen. Der Junge war begeistert, obwohl er die Taube nie zu fassen bekam. Als ich das Bild zur Jahreslosung 2019 zum ersten Mal sah, wurde ich an diese Szene erinnert, sah ich die ausgestreckten Hände des Jungen und die auffliegende Taube.

Noahs Taube

Aber auch andere Bilder kamen mir beim ersten Sehen des Bildes in den Sinn. Andere Assoziationen stiegen in mir auf. Vor allem war das Noah mit seiner Taube.

„Als aber der HERR sah, dass der Menschen Bosheit groß war auf Erden und alles Dichten und Trachten ihres Herzens nur böse war immerdar, da reute es den HERRN, dass er die Menschen gemacht hatte auf Erden, und es bekümmerte ihn in seinem Herzen, und er sprach: Ich will die Menschen, die ich geschaffen habe, vertilgen von der Erde" (1 Mose 6,5-7a). Aber Noah hat Gnade vor Gott gefunden und wird von ihm beauftragt, eine Arche zu bauen. Mit seiner Familie und all den Tieren lebt er in dem Holzkasten, während die Welt im wahrsten Sinne des Wortes untergeht. Erst nach hundertfünfzig Tagen gehen die Wassermassen, die die Erde bedecken, langsam zurück. Nach weiteren vierzig Tagen lässt Noah erst einen Raben aus dem Fenster der Arche fliegen und dann eine Taube, um zu sehen, ob es bereits wieder trockenes Land gibt. Die Taube kehrt wieder auf die Arche zurück. Nach weiteren sieben Tagen lässt Noah die Taube erneut fliegen. Auch sie kehrt zurück, hat aber einen Ölzweig im Schnabel. Und als Noah sie nach noch einmal sieben Tagen erneut fliegen lässt, kehrt die Taube nicht mehr zurück.

Unzählige Bilder halten diese ausfliegende oder zurückkehrende Taube fest. Immer wieder sieht man Noahs Hände weit aus dem Kasten, aus dem Fenster der Arche gestreckt. Nur, wenn die Taube einen Ölzweig im Schnabel hat, können wir erkennen, dass Noah die Taube in Empfang nimmt. Aber oft ist das unklar.

In meiner Bilderbibel, die ich als Kind hatte, war diese Szene dargestellt. Sie war dabei ähnlich angeordnet wie auf dem Bild von Inge Heinicke-Baldauf: Von unten rechts streckten sich die Hände weit nach oben. Von Noah war außer den Händen nicht viel zu sehen, da er in der Arche verborgen war. Aber um so deutlicher trat die Taube hervor, die zu den Händen Noahs einen Abstand hatte. Als Kind habe ich lange gerätselt, ob dies einen der drei Abflüge darstellen sollte und, wenn ja, welchen. Oder sollte es die erste Rückkehr der Taube zeigen? Erst später wurde mir deutlich, dass gerade diese Ambivalenz es so spannend macht.

Noah schickt zwar zunächst den Raben, vertraut aber nicht auf sein Zeichen. Dann schickt er die Taube los und nutzt sie damit wie die antiken Seefahrer als Orientierungshilfe. Erst als die Taube Land für sich gefunden hat, kann Noah landen.

So sehe ich auf diesem Bild auch die Hände Noahs. Und es bleibt offen, ob sie die Taube loslassen oder einholen.

Unfrieden

Unsere Nachrichten sind voll von Meldungen des Unfriedens. Historiker rechnen mit circa 14.400 Kriegen in der historisch belegten Menschheitsgeschichte, denen ungefähr 3,5 Milliarden Menschen zum Opfer gefallen sein sollen. Während ich dies aufschreibe, werden in der Welt circa zwanzig Kriege oder kriegerische Auseinandersetzungen geführt. Hinzu kommen noch terroristische Aktivitäten und größere Kriminalität. Und trotz unserer medialen Verknüpfung und der Nachrichtenflut, trotz der Propagandaschlachten, die sich aus der Interpretationshoheit von medialen Bildern ergeben, bekommen wir von vielen Kriegen nur wenig oder gar nichts mit.

Auch sind alle Kriege zusammen leider nur die Spitze des Eisberges namens „Unfrieden". Die nächste Schicht besteht aus Gewaltverbrechen wie Mord und Totschlag, Raub und Erpressung, Vergewaltigung, Körperverletzung, Diebstahl, Nötigung, Beleidigung und vielem mehr, was die Gesetzbücher aufzählen und kennen. Jede Form von Rassismus und Fremdenfeindlichkeit, Unterdrückung und Ausbeutung gehört dazu. Und auch da, wo das Strafgesetzbuch nicht mehr greift, gibt es jede Menge Unfrieden. Frieden zu leben, ihn zu suchen und ihm nachzujagen, ist offenbar äußerst schwierig. Wenn wir alleine auf die Reden so mancher Menschen hören, die politische Verantwortung tragen, merken wir genau, wie sie zwar das Wort „Friede" gebrauchen, oft aber eher Zwietracht und Ablehnung, Feindseligkeit und Hass gegen andere säen.

Aber ist das in unseren Familien, in uns selbst eigentlich besser? Mir ist dazu seit früher Kindheit ein Wort meiner Mutter in eindrücklicher und prägender Erinnerung: Wenn wir vier Kinder uns zankten, was eben ab und zu vorkam, dann fragte sie uns manchmal: „Wie soll es Frieden in der Welt geben, wenn nicht einmal ihr zusammenleben könnt, ohne miteinander zu zanken?"

Frieden zu leben, ihn zu suchen und ihm nachzujagen, ist offenbar für jede und jeden von uns äußerst schwierig. Man beachte nur die Konkretisierung der Gebote in der Bergpredigt Jesu (Mt 5,21-48) oder lese die Erklärung zu den Geboten in Martin Luthers Kleinem Katechismus durch. Sofort wird einem klar, dass man sich immer wieder in Gedanken, Worten und Werken unfriedlich, ja feindlich und verletzend gegen andere verhält. Sofort wird einem klar, dass man nie alles in Gedanken, Worten und Werken für den Frieden tun kann. Unter unseren Lebensbedingungen kann man normalerweise Krieg und Terrorismus, Mord und Totschlag vermeiden. Auch Gewalttaten und Verbrechen werden die Wenigsten von uns begangen haben. Selbst andere Straftaten fallen nicht so ins Gewicht. Wer aber kann wirklich von sich behaupten, nie gegen andere böse Worte gebraucht zu haben? Nie böse Gedanken gegen andere gehabt zu haben? Und wer kann wirklich von sich behaupten, dass er oder sie immer nur voller Liebe an jede und jeden Nächsten und ferneren Menschen denkt? Spätestens an dieser Stelle müssen wir doch unsere gesunde Gesichtsfarbe gegen die Schamesröte eintauschen. Der Menschen Bosheit ist groß auf Erden und alles Dichten und Trachten ihrer Herzen ist nur böse immerdar.

So sehe ich in der Farbgestaltung des Bildes von Inge Heinicke-Baldauf den Hautton im Zentrum und die Schamesröte am linken Bildrand, aber auch die Dunkelheiten des Unfriedens, aus denen heraus sich die Hände der Taube entgegenstrecken.

Frieden

„Wieder Frieden?", fragt ein Kind das andere nach einem Streit, in dem gründliche Feindschaft angedroht wurde: „Dann bist du nicht mehr mein Freund! Dann spiele ich nie mehr mit dir!" Es hatte Tränen und Wut gegeben. Sie hatten einander mit Fäusten geschlagen. Aber jetzt stehen beide voreinander mit verheulten Gesichtern und der eine hat die Hand offen ausgestreckt und fragt: „Wieder Frieden?" Der andere ergreift die ausgestreckte Hand und antwortet: „Wieder Frieden!" Dann spielen sie miteinander, als ob nie etwas zwischen ihnen gewesen wäre.

Frieden? Wenn das in der Welt immer so einfach wie bei diesen beiden Kindern ginge. Aber die Welt ist anders. Wie viele Waffenstillstandsvereinbarungen und Friedensschlüsse, die keinerlei Waffenruhe oder Frieden gebracht haben, gab es alleine in den bisher achtzehn Jahren dieses Jahrhunderts? Und doch ist es zu allen Zeiten die größte Herausforderung an die Menschheit, den Frieden zu suchen und ihm nachzujagen. Unsere Politikerinnen und Politiker und alle, die Verantwortung tragen, haben dies als vornehmsten Auftrag. Eigentlich ist es eine Aufgabe für alle Menschen. Immer und überall sollen wir uns mit Gedanken, Worten und Werken gegen jede Form des Unfriedens stellen. Dies muss in uns beginnen.

Dabei ist Friede etwas Wunderbares. Er ist weit mehr, als dass die Waffen schweigen und Menschen sich nicht gegenseitig töten, verletzen oder schlagen. Er ist auch mehr, als dass wir uns nicht durch Worte oder unser Verhalten gegenseitig verletzen und schaden. Zum Frieden gehört das umfassendste Wohlbefinden, das man sich nur vorstellen kann. Wirklicher Frieden herrscht, wenn wirklich alle Menschen rundum zufrieden sind.

Ganz wird dieser Zustand auf der Erde nie durch Menschen zu erreichen sein. Dazu sind wir leider nicht in der Lage, da wir, wie Gott selbst nach der Sintflut feststellt, von frühester Jugend an voller Bosheit sind. Trotzdem oder gerade deswegen sollen Menschen alles für den Frieden tun, ihn suchen und ihm nachjagen. Aber letztlich wird der wirkliche Friede von Gott geschenkt. Am Ende der Sintfluterzählung wird beschrieben, wie Gott seinen Bogen in die Wolken setzt und verspricht: „Ich will hinfort nicht mehr die Erde verfluchen um der Menschen willen; denn das Dichten und Trachten des menschlichen Herzens ist böse von Jugend auf. Und ich will hinfort nicht mehr schlagen alles, was da lebt, wie ich getan habe. Solange die Erde steht, soll nicht aufhören Saat und Ernte, Frost und Hitze, Sommer und Winter, Tag und Nacht" (1 Mose 8,21.22).

Friedenstaube

Sicherlich war Noahs Taube Modell und Vorbild für die Friedenstaube. Aber auch die Taube als Symbol der Liebe und Begleittier der Liebesgöttin haben dafür Pate gestanden. Spätestens seit Pablo Picassos Lithografie „La Colombe" (französisch „Die Taube"), die das Wahrzeichen des Weltfriedenskongresses 1949 war, ist die Taube zu einem weltweit bekannten Symbol für den Frieden geworden. Heute ist dieses Symbol in unterschiedlichster Darstellung, mal mit und mal ohne Olivenzweig, weit verbreitet und hat über alle politischen Grenzen hinweg Bedeutung. Das vielleicht bei uns bekannteste Bild, die weiße, fliegende Taube auf blauem Grund, wurde als Friedenslogo in den Siebzigerjahren von dem finnischen Grafiker Mika Launis entworfen. Diese Friedenstaubenbilder und -logos haben unser Sehen geprägt.

So sehe ich natürlich auf dem Bild von Inge Heinicke-Baldauf zur Jahreslosung 2019 die Taube Noahs und seine Hände, die die Taube fliegen lassen und sie wieder aufnehmen. Ich sehe aber vor allem das Symbol des Friedens, die Friedenstaube. Und ich sehe, wie sich unsere Hände ihr entgegenstrecken. Die Taube fliegt und die Hände haben sie nicht ergriffen. Es scheint mir wie bei dem kleinen Jungen zu sein, der in der Fußgängerzone versucht, die Tauben zu erhaschen: Wir jagen dem Frieden nach. Aber immer wieder entzieht er sich uns. Nie können wir ihn fassen. Nur dürfen und sollen wir wie der kleine Junge in der Fußgängerzone nicht aufgeben. Aus welchen Dunkelheiten heraus wir uns auch nach dem Frieden recken, aus welcher Situation heraus wir auch die Hände nach der Friedenstaube ausstrecken, wir werden den vollkommenen Frieden nicht durch uns bekommen. Aber die Aufforderung der Jahreslosung gilt uns: „Suche Frieden und jage ihm nach!"

AUF DER SUCHE NACH INNEREM FRIEDEN

Betrachtung aus humanwissenschaftlicher und seelsorgerlicher Sicht

Martina Walter

Frieden – das wünschen sich die meisten Menschen: Frieden weltweit, im eigenen Land, in der Familie und Partnerschaft und in der Gemeinde. Wie sieht es aber mit dem Frieden mit mir selbst aus? Oder anders gefragt: Wie steht es um meinen inneren Frieden?

Krieg und Frieden

Das Gegenteil von Frieden ist Unfrieden. Dieser äußert sich im Streit und im Extremfall in einem Krieg. Unfrieden und Krieg entstehen, wo zwei Menschen, Parteien, Länder oder Nationen gegeneinander kämpfen. Da gibt es Angreifer und Verteidiger. Am Ende geht einer als Sieger hervor, der andere als Besiegter. Und auf dem Weg dahin entstehen viele Spuren, Verletzungen und Zerstörungen. Manche Kriegsspuren kann man noch Jahrzehnte später wahrnehmen, manche bleiben für immer sichtbar oder spürbar. Und immer wieder denken wir: „Ach könnten die Menschen sich doch einigen, endlich in Harmonie und Frieden miteinander leben und sich gegenseitig annehmen, wertschätzen und die Freiheit des anderen würdigen". Ob dieser Zustand jemals erreicht wird? Vielleicht sind wir Menschen so, wie schon Friedrich Schiller es beschrieb: „Es kann der Frömmste nicht in Frieden leben, wenn es dem bösen Nachbarn nicht gefällt" (Wilhelm Tell IV,3). Das heißt also, dass ein anderer Mensch immer mal wieder meinen Frieden stört. Und selbst die kleinsten Anlässe und Meinungsverschiedenheiten können sich zu einem großen Kampfplatz entwickeln.

Nüchtern betrachtet muss man sagen: Wir brauchen für Unfrieden gar keine Nachbarn. Es gibt auch eine Form des Unfriedens, ja des Krieges, wo Angreifer und Verteidiger, Sieger und Besiegter eine einzige Person sind. Hier liegt der Kriegsschauplatz in mir selbst. Ich bin der Angreifer und mein Angriff richtet sich gegen mich, gegen das eigene Selbst. Beschuldigungen, Verleumdung, aber auch Rechtfertigung und Verteidigung finden zeitgleich in der eigenen Person statt.

Das ist kein Spiel. Auch solche inneren Kämpfe hinterlassen Wunden, Narben, Zerstörung. Und häufig führen sie zu Verhärtungen und zum Stillstand. Der Kampf wird nicht verloren, aber Frieden ist auch nicht in Sicht.

Auch bei dieser Art von Kampf oder Krieg gilt es, Frieden zu schließen und Aufräumarbeit zu leisten, damit aus den Trümmern wieder sinnvolle Bausubstanz wird. Es geht um den Frieden mit uns selbst – um unseren inneren Frieden.

Das Schwierige daran ist, dass dieser innere Krieg oft von niemandem bemerkt wird, außer von mir selbst. Niemand steht mit einer Forderung nach Frieden vor mir, keiner macht mir ein Friedensangebot … All das findet „nur" in mir selbst statt. Und weil niemand Anderes beteiligt ist, denke ich vielleicht manchmal: „Ist das nicht übertrieben? Gibt es nichts Wichtigeres zu tun, als sich um meinen ‚inneren Frieden' zu kümmern? Jetzt habe ich den Unfrieden in mir schon so lange zur Seite geschoben, warum sollte ich mich jetzt damit beschäftigen, zumal kein anderer geschädigt wird?"

Diese Einwände sind verständlich und klingen plausibel. Aber vielleicht ist es doch ein Irrtum, dass niemand „geschädigt" wird. Vielleicht schade ich ja anderen Menschen, die mit meiner zerrissenen Persönlichkeit umgehen müssen und die Auswirkungen und Folgen meines inneren Unfriedens zu spüren bekommen. Vielleicht schade ich auch anderen Menschen dadurch, dass ich ihnen vieles vorenthalte, was sie in meiner Persönlichkeit entdecken könnten, wenn ich mich im Frieden entfalten könnte. Ganz sicher schade ich mir selbst, denn innere Unzufriedenheit beschneidet meine Lebensqualität. Meinen Unfrieden zu ignorieren, beschert mir keinen Frieden.

Ein Land, dessen Frieden bedroht ist, baut Mauern, zieht Grenzen und verteidigt diese gegen jeden, der ihnen zu nahe kommt.

Menschen, die mit sich im Unfrieden sind, bauen ebenso Mauern und Grenzen und lassen Menschen nicht so schnell zu sich hindurchdringen. Deshalb sagen wir manchmal von Menschen: „Er ist so unnahbar!" oder „Diesen Menschen muss ich erst einmal gewinnen."

Wenn dann endlich Frieden ist, haben die Länder immer noch ihre Grenzen, aber man kommt leichter hinein und begegnet nicht von vornherein Misstrauen und Distanz.

So haben auch Menschen, die im inneren Frieden leben, weiterhin Grenzen. Ich werde nie (und das ist auch nicht erstrebenswert!) für alle wie ein offenes Buch zu lesen sein. Aber ich darf mein grundsätzliches Misstrauen fallen lassen und darauf vertrauen, dass meine Grenzen nicht überrannt werden. Nur wenn ich meine Mauern und Grenzen öffne, sind Kontakt, Beziehung und Bereicherung möglich.

Woher kommt innerer Unfrieden?

Wenn Frieden mehr ist als Abwesenheit von Krieg, sondern als Schalom auch Heil bedeutet, dann ist innerer Unfrieden ein deutliches Zeichen dafür, dass ich nicht heil bin. Da gibt es etwas Beschädigtes, Zerbrochenes in meinem Leben, meiner Person, vielleicht auch etwas, das mir im Inneren Schmerzen bereitet. Wenn ich mich nicht heil und nicht wohl fühle, dann bemerke ich in der Regel, dass sich Unzufriedenheit in meinem Leben breitmacht.

Woher kommt dieser Unfriede? Unzufriedenheit entspringt oft dem Gefühl, ungerecht behandelt worden zu sein. Neid und Missgunst sind Zufriedenheitskiller Nummer eins. Es geht nicht immer gerecht zu in unserem Leben, und mancher Ärger ist verständlich und nachvollziehbar. Und doch kommt es immer wieder darauf an, wie viel Platz ich den negativen Gefühlen in meinem Leben lasse. Das bedeutet, dass ich erfahrenes Unrecht nicht an zur Seite lege, sondern diese Wunde offenhalte. Ich bin nachtragend – und das macht mich unfrei. Sicher gibt es in meinem Leben viele Konfliktpunkte und Menschen, denen ich etwas nachzutragen habe. Es ist eine Form der Unversöhnlichkeit, die mich hindert abzuschließen und Frieden zu machen. Ich bin unversöhnt mit meiner Biografie, mit Menschen, die meinen Lebensweg kreuzten. Ich bin aber auch hart und unversöhnlich gegen mich selbst und kämpfe deshalb mit meiner äußeren Erscheinung, die ich nicht annehmen kann. Ich kämpfe damit, falsche Entscheidungen getroffen und Fehler gemacht zu haben. Achten Sie einmal darauf, wie Sie innerlich mit sich selbst sprechen. Wie hart sind Sie mit dem Urteil über die eigene Person?

Häufig stehen wir im Konflikt mit unserer Vergangenheit. Also mit Dingen und Situationen, die wir nicht mehr ändern können. Wir können sie nicht loslassen und spielen sie in unseren Gedanken immer und immer wieder durch. Und dabei kommen Unzufriedenheit, Schmerz und Wut immer wieder hoch.

Es ist, als hätte uns jemand mit einem Pfeil verletzt und wir würden nun weitere Pfeile in die Wunde schießen. Indem wir an unserer Wut und unserem Selbstmitleid festhalten, verletzen wir uns selbst. Dies verhindert, dass Wunden heilen können. Menschen, die an so an ihrer Vergangenheit festhalten, merken dies oft selbst gar nicht. Aber sie bleiben gefangen in ihren Verletzungen und wühlen immer wieder den alten Schmerz auf. Der kann erst heilen, wenn man die Wunden anschaut und akzeptiert, was war. Es ist geschehen und die Vergangenheit kann man nicht mehr ändern. Aber die Zukunft gilt es zu gestalten – und zwar möglichst ohne den Ballast des Vergangenen. Dazu gehört der Entschluss: „Ich will loslassen, was war!", auch dann, wenn erlittenes Unrecht nicht wiedergutgemacht wurde. Das ist nicht immer einfach, je nachdem, wie stark und tief Verletzungen sind. Loslassen geschieht auch nicht von heute auf morgen, sondern in einem Prozess, in kleinen Schritten, im eigenen Tempo. Vergessen können wir Verletzungen nicht, aber es ist möglich, uns daran zu erinnern, ohne den Schmerz und die Trauer jedes Mal genauso stark zu empfinden wie am Anfang. Nachtragend zu sein schadet mir selbst, denn ich bin nicht frei. Ich trage ja die Last einem anderen Menschen nach. Ich bin die „Leid-Tragende" – keine schöne Perspektive.

Wege zum inneren Frieden und zur Versöhnung

Erste Schritte zum Frieden heißen: Kontakt aufnehmen, in Beziehung treten, die Beweggründe des Gegners verstehen wollen. Dann folgen Verhandlungen, Verabredungen, Abrüstung und hoffentlich dauerhafter Friede. Für den inneren Frieden gilt: eine bessere Welt beginnt in mir. Deshalb ist auch die Kontaktaufnahme zum „Feind" in diesem Fall die zu mir selbst. In der kritischen Auseinandersetzung und der Reflektion meines Lebens werde ich vielleicht verstehen, warum ich eigentlich eine innere Unzufriedenheit in mir spüre, obwohl äußerlich alles in Ordnung zu sein scheint. Manchmal muss ich mit der Spurensuche nach den Ursachen meines Unfriedens wohl weit in meiner Lebensgeschichte zurückblicken, aber dies lohnt sich, um nicht nur oberflächlich zufrieden zu sein, sondern um bei mir selbst anzukommen und authentisch zu leben.

Im Einklang mit unseren Bedürfnissen und eigenen Werten zu leben, macht glücklich und sorgt für inneren Frieden. Dazu zählt auch, dass wir uns so annehmen wie wir sind.

Vergeben und akzeptieren, was war

Heilung geschieht nur, wenn wir vergeben und wenn wir uns versöhnen. Der erste Schritt dazu heißt akzeptieren, was war. Anschauen und annehmen, was war und uns damit versöhnen, also ein Ja zu unserem Leben finden. Dazu gehört:

Erstens geht es um die Aussöhnung mit unserer Lebensgeschichte: mit den Eltern, die uns ins Leben begleitet haben, mit den Geschwistern, mit unseren schwierigen Erbanlagen, mit den Schicksalsschlägen, die wir nicht zu verantworten haben. Diese Aussöhnung hat auch mit Vergebung zu tun. Es ist eine Aufgabe und oft auch eine Erleichterung, Menschen zu vergeben, die Verletzungen in unserem Leben hinterlassen haben. Dabei geht es weniger darum, ob sie Vergebung verdient haben, sondern darum, dass wir Frieden verdient haben.

Zweitens geht es um die Versöhnung mit unserer Geschichte, der Geschichte unseres Lebens mit den Akteuren darin, aber vor allem auch mit uns selbst. Das bedeutet, ja zu sagen zur eigenen Biografie, zu dem, was zu uns gehört, was wir aber nicht wahrhaben wollen (Wut, Unwahrhaftigkeit, Neid, Eitelkeit etc.). Wer sich nicht den eigenen Schattenseiten stellt, projiziert diese unbewusst auf andere. Wenn wir sie annehmen, heißt das nicht, dass wir sie ausleben, sondern sie uns selbst eingestehen.

Drittens geht es darum, uns auszusöhnen mit unserer Schuld und eigenem Versagen, mit unseren Fehlentscheidungen, die uns manchmal auf Jahre hin blockieren Es gibt kein Leben, das perfekt geführt wird und ohne Fehler und Schuld abläuft. Wir sind nicht die Lebens- und Glaubenshelden, die wir manchmal sein möchten. All dies gilt es anzuschauen. Wo es möglich ist, können wir Schuld vor Menschen in Ordnung bringen und dem vergebenden Gott hinhalten, sprechen sie aus und überlassen ihm, was uns so schwer auf der Seele liegt.

Manche Lebensgeschichte ist unfassbar schwer, und der Weg zum inneren Frieden ist nicht leicht. Viele Menschen resignieren und trauen sich diesen Weg nicht zu. Häufig betrifft dies Menschen, die glauben, mit allem allein fertig werden zu müssen. Der Kampf, der in mir selbst tobt, den kann ich doch nur allein tragen … Ich glaube, dass Gott uns deshalb in Gemeinschaft gestellt hat, weil wir ergänzungs- und hilfsbedürftig sind. Auch für diese inneren Kämpfe darf ich mir Begleitung suchen, einen Menschen, dem ich mich anvertrauen kann, und der mit mir zusammen die Verletzungen und Wunden anschaut, mit mir gemeinsam die Last trägt und ans Licht bringt. Einen Menschen, der auch meine Tränen aushält und mit dem ich gemeinsam meine Wunden, Klagen und Unversöhnlichkeit vor Gott bringen kann.

Wie wirkt sich innerer Friede aus?

Schalom ist nicht nur Frieden als Gegenbegriff zum Krieg, sondern es geht dabei um Zufriedenheit, Wohlergehen und Glück. Im Unfrieden ist die Harmonie gestört. Da gibt es viele Misstöne. Wenn die Disharmonie entlarvt wird, kann ich üben und die schwierigen Stellen meines Lebens und meiner Lebensmelodie immer wieder anschauen und sie anders betonen und anders betrachten. So kann sich auf meinem Weg eine harmonischere Lebensmelodie entwickeln.

Innere Heilung in meinem Leben bedeutet nicht, dass Gott Schmerzhaftes einfach „wegnimmt", sondern dass er mir auch zumutet und zutraut, mit meinen Defiziten oder meiner schwierigen Vergangenheit zu leben. Mehr noch: Er baut mein Erleben, meine Erfahrungen, meine Kämpfe und meine Schwachstellen in sein großartiges Konzept für mein Leben mit ein. Deshalb ist es wichtig, dass ich nicht mehr einfach gegen mein „So Sein" kämpfe und rebelliere, sondern mich mit mir versöhne und zu meinen Leben ja sagen kann.

Gott will Frieden in mir schaffen

Weil ich wichtig bin, lädt Gott mich zu Ruhe und Frieden ein. Frieden mit Gott ist Heilsein des Menschen in seiner Beziehung zu Gott, zu sich selbst und zugleich in seiner Beziehung zu seinen Mitmenschen.

Das friedliche Miteinander der Menschen untereinander ist meiner Einsicht nach eine direkte Folge des Heilseins mit Gott. Frieden wirkt von innen nach außen. „Suche den Frieden und jage ihm nach" sagt uns: Frieden beginnt in uns!

Ein Lied von Manfred Siebald erzählt davon:

„Der tiefe Friede, den wir nicht verstehen,
der wie ein Strom in unser Leben fließt,
der Wunden heilen kann, die wir nicht sehen,
weil es Gottes Friede ist.
Der Friede Gottes will in dir beginnen,
du brauchst nicht lange, bis du es entdeckst:
was Gott in dich hineinlegt, bleibt nicht innen,
Friede, der nach außen wächst.
Friede, Friede, Friede sei mit dir."[2]

2   Manfred Siebald: Friede sei mit dir. In: Jesu Name nie verklinget, Band 4, Stuttgart 1979.

DIE FRIEDLICHE REVOLUTION

Erfahrungen von 1989

Konrad Flämig

Die Veränderungen, die Deutschland im Herbst 1989 und 1990 erlebt hat, werden zu Recht als „friedliche Revolution" bezeichnet. Passt das zusammen, Frieden und Revolution? Gott sei Dank haben Friedensgebete und anschließende Demonstrationen ohne umfangreiche Organisation funktioniert. Es war erhebend, am 23. Oktober 1989 mit 300.000 Menschen in Leipzig zu demonstrieren. Da läuft mir noch heute ein Schauer über den Rücken. Außer dem Dreifachriegel Polizei mit Schutzschilden und den Wasserwerfern in der Seitenstraße am Staatssicherheitshauptquartier, der „Runden Ecke" in Leipzig, waren keine Polizisten zu sehen.

„Auf alles vorbereitet, nur nicht auf Kerzen und Gebete"

Mit diesem Satz wird Horst Sindermann zitiert, 1989 Mitglied im Zentralkomitee der SED, der eigentlichen Machtzentrale der alten DDR. Bei allen Szenarien hatte man sich auf eine andere Art der Auseinandersetzung konzentriert.

Aber natürlich waren die Entschlossenheit und die Geschlossenheit der Demonstranten eine sanfte Gewalt. Und als nach dem 9. Oktober klar war, dass da „was geht", war die Entschlossenheit noch größer.

Seit 1982 gab es in der Leipziger Nikolaikirche ein wöchentliches Friedensgebet. Zunächst traf sich dort eine kleine Gruppe aktiver Friedensbefürworter, die gegen die Hochrüstung und atomare Bewaffnung ein Zeichen setzen wollten. Das waren meist nicht viel mehr als 20 bis 40 Personen. Im Jahr 1989 wurden es schlagartig mehr Leute. Die Unzufriedenheit in der Bevölkerung war mit Händen zu greifen. Und in der Nikolaikirche trafen sich Leute, die einen Ausreiseantrag laufen hatten, um zu sehen, wer noch da war oder wer innerhalb der letzten Woche in 24-Stundenfrist die DDR verlassen musste. Und auch die Bewacher der Staatssicherheit füllten im Sommer und Herbst 1989 die Kirche, um zu sehen, was da vorging. Als die Besucher des Friedensgebetes die Nikolaikirche verließen, versuchten sie einen Demonstrationszug. Sie kamen aber stets nur bis zum Nikolaikirchplatz, dort wurden sie dann von Polizei und Staatssicherheit zerstreut – überhaupt nicht friedlich. Trotz aller Aussichtslosigkeit war klar, dass der Geist des Gebetes und des Evangeliums und eine gewaltsame Auseinandersetzung nicht zusammenpassen. Gott sei Dank haben viele dafür gesorgt, dass der Geist der sanften Gewalt lebendig gehalten wurde.

Die mutigen unbekannten Soldaten

Ende September 1989 kam ein Jugendlicher aus dem Jugendkreis mit einer Gewissensfrage zu mir. Er absolvierte gerade seinen normalen Wehrdienst bei der Nationalen Volksarmee und war in Leipzig stationiert. Er fragte mich: „Was soll ich tun? Wir sind gefragt worden, wie wir uns verhalten, wenn wir mit scharfer Munition zum Schutz der öffentlichen Gebäude in Leipzig eingesetzt werden. Speziell, ob wir schießen würden." Meine erste Reaktion: „Martin (Vorname geändert), das musst du selbst verantworten. Aber es kann sein, du triffst mich!" Eine prekäre Situation für die Soldaten, denn sie wussten, dass eventuell Verwandte unter den Demonstranten sein würden. Aus der normalen Truppe hatte die Mehrzahl der Soldaten gesagt, sie würden sich eher entwaffnen lassen, als auf die Bevölkerung zu schießen. Dies waren in den meisten Fällen keine Christen, aber sie wollten nicht auf die eigenen Leute schießen. Das brachte die Staatsführung zu der Entscheidung, sich nicht auf die einfachen Soldaten zu verlassen, weil sonst Waffen in die Hände der Demonstranten hätten kommen können. Sie beschlossen deshalb, länger dienende Fallschirmjäger einzusetzen, die den Befehl nicht verweigern würden. Gott sei Dank waren viele uns unbekannte Soldaten so mutig.

Der Tag, an dem nicht geschossen wurde

Der entscheidende Tag der deutschen Geschichte war der 9. Oktober 1989. An diesem Tag wurde in Leipzig zum ersten Mal die aus dem Friedensgebet in der Nikolaikirche entstehende Demonstration nicht niedergeknüppelt und aufgelöst. Der 7. Oktober und damit der 40. Jahrestag der DDR waren vorbei und „gebührend" gefeiert. Die spannende Frage hieß: Wird es Veränderungen geben? Alle rechneten damit, dass es in Leipzig zu gewaltsamen Auseinandersetzungen kommen würde. Die Staatsführung, insbesondere Egon Krenz, hatte betont, dass sie die chinesische Lösung – Panzer wie auf dem Tian'anmen-Platz – bevorzugte. Das lag erst vier Monate zurück. Ich wusste, dass circa 3.000 länger dienende Soldaten in Leipzig zusammengezogen worden waren, um die Demonstration aufzulösen. Es standen Schützenpanzerwagen mit Schutzschilden für weiche Ziele bereit. Was ich nicht wusste: Es standen außerdem 8.000 Leute aus Kampfgruppen bereit, bewaffnet mit scharfer Munition, nur 100 Meter von der voraussichtlichen Demonstrationsstrecke entfernt. Von den Krankenschwestern wusste ich, dass entlassen worden war, wer immer gehen konnte, um Platz für die Verletzten zu haben. Es gab Gerüchte, dass Särge bereitstünden, um die Toten schnell wegschaffen zu können. Die 4.000 Leute aus der Nikolaikirche und 66.000 „Spaziergänger" der Leipziger Innenstadt vereinigten sich gegen 17.45 Uhr zu einem Zug. Kurt Masur und andere Leipziger Persönlichkeiten setzten sich für einen friedlichen Verlauf ein. Entgegen der Anordnung, die Demonstration aufzulösen, griff niemand ein. Deutschland ist um Haaresbreite an einem Bürgerkrieg vorbeigeschrammt. Diesen Satz kann ich nicht ohne Tränen in den Augen schreiben, weil mir wieder bewusst wird, wie groß die Gefahr und die Bewahrung war. An diesem ersten Montag war die Demonstration noch recht still, weil jeder damit rechnete: In Kürze geht es los! Und als wir die Runde am Innenring gegangen waren und niemand die Demonstration gewaltsam aufgelöst hatte, fragten sich alle: Ist das wirklich wahr? Dieser erste Tag ohne Repressalien hatte unglaublich Mut gemacht, den folgenden Montag wieder zu demonstrieren. Da waren es dann 150.000 und die Woche später 300.000 Leute. Gott sei Dank, dass wir bewahrt geblieben sind.

„Keine Gewalt"

Ein wichtiger Slogan neben „Wir sind das Volk" war der Ruf: „Keine Gewalt". Wir hatten Angst, dass irgendjemand unter den Demonstranten sein könnte, der anfing zu provozieren oder Gewalt anzuwenden. Wer konnte garantieren, dass die Staatssicherheit nicht längst einen „schwarzen Block" in den Demonstrationszug eingeschleust hatte? Wer konnte verhindern, dass eines der Opfer, das von der Staatsicherheit gequält worden war, am Stasi-Hauptquartier begann auf die dortigen Schutztruppen einzuschlagen? Wer konnte garantieren, dass unter den Demonstranten nicht auch alkoholisierte Leute waren, die auf Provokation zielten? Es war eine unglaublich reife demokratische Leistung, dass es auf den Demonstrationen keine gewaltsamen Auseinandersetzungen gab. Das Erstaunliche ist um so größer, weil es in der Folge von Leipzig an vielen Orten Montagsgebete und Demonstrationen gab. Obwohl keine zentrale Organisation dahinter stand, achteten alle auf Gewaltlosigkeit. Die neu gewonnene Freiheit empfanden wir als unglaublich wertvolles Gut, das niemand gefährden wollte. Meine Mutter erzählte mir später, dass ich unsere gerade einige Tage alte Tochter aus ihrem Bettchen nahm und sie über den Kopf hielt mit dem Ausruf: „Heute war ich freiwillig demonstrieren." Das lässt sich nur verstehen, wenn man weiß, dass Demonstrationen in der DDR stets angeordnet wurden. Und vorher wurden in der SED-Presse die Losungen veröffentlicht, die man während des Aufmarschs zeigen durfte. Da waren die unzensierten Plakate der Montagsdemonstrationen einfach eine große Freude. Mein Gottvertrauen wurde durch diese Erfahrung gestärkt. Es schien alles so aussichtslos, aber plötzlich öffneten sich Türen ganz weit. Gott sei Dank blieb uns aktive Gewalt erspart.

Die Sehnsucht nach dem Westen und das Machtvakuum

Am 9. Oktober waren nicht so viele Menschen emotional beteiligt, deshalb tritt die Bedeutung dieses Tages oft zurück hinter dem Tag der Maueröffnung. In der Nacht vom 9. zum 10. November 1989 erlebten mit der Mauer- und Grenzöffnung plötzlich Millionen Menschen: Es ändert sich! Das für mich schönste Erinnerungsbild dieser

Zeit stammt aus Berlin. Auf der Mauer, an der man am Vortag noch erschossen worden wäre, sitzen und stehen Menschen und singen: „Auf der Mauer, auf der Lauer sitzt 'ne kleine Wanze". Das war für mich eine undenkbare Situation, zumal ich in den 70er-Jahren in Berlin Theologie studiert hatte, stets die Mauer vor Augen.

Es gab zahlreiche Begegnungen zwischen „Ossis und Wessis". Die DDR-Bürger konnten den Westen kennenlernen und zahlreiche Begegnungen erwärmten das Herz. Mit der Grenzöffnung war klar, dass das DDR-Regime nicht mehr lange in der Alleinherrschaft der SED bestehen würde. Aber die alten Funktionäre waren noch an der Macht und bestimmten, was gemacht wurde. Der Kreistag im Landkreis Wurzen trat nicht mehr zusammen, weil die im Frühjahr 1989 Gewählten verstanden, dass sie kein Mandat mehr hatten. Wer sollte in Zukunft regieren?

In dieser Zeit entstanden sowohl auf Staats- als auch auf kommunaler Ebene „runde Tische". Ich selbst war von Ende November 1989 bis Ende Mai 1990 Moderator am runden Tisch im Landkreis Wurzen, sozusagen stellvertretender Landrat. Es ist den Christen der DDR zu danken, dass die Revolution friedlich geblieben ist. Sie stellten sich an vielen Stellen als Quereinsteiger zur Verfügung und übernahmen politische Verantwortung. Christen beherrschten den Umgang mit verschiedenen Meinungen, die Kunst der Gesprächsführung und die Fertigkeit, Kompromisse zu schließen. Es war eine spannende Zeit. Sie hat in mir die Überzeugung gestärkt, dass mit Verstand, einem guten Bauchgefühl und Gebet fast alles entschieden werden kann. Wir haben viele Dinge geregelt, von denen wir nicht wussten, wie sie ausgehen würden. Meine Angst vor Veränderungen ist geschrumpft, mein Gottvertrauen stark gewachsen. Und ich habe realisiert, dass das, was man festklammert, eigentlich schon verloren ist.

Auf der linken Seite saß in Wurzen die alte DDR-Funktionärsriege. Gegenüber und rechts saßen die neuen Bürgerbewegungen, Neues Forum und die neu gegründeten Parteien. Außen an den Wänden des Sitzungssaals saßen die Bürger, denn alle Sitzungen wurden öffentlich abgehalten. Es wollten viele beteiligt sein. Im Hinterzimmer zu kungeln, war ausgeschlossen. Wir wollten die Freiheit auskosten. Und es ging richtig munter zu. Wie wird die Demokratie eingeführt? Wer wird in Zukunft regieren? In welchen Parteien kann man sich engagieren? Was wird in den Schulen gelehrt? Woher kommen neue Lehrpläne und -bücher?

In dem entstandenen Machtvakuum galt es, neue Skrupellosigkeit zu verhindern. Wie sollten wir steuern, dass sich die SED-Funktionäre nicht Grundstücke, Fuhrpark oder Gebäude unter den Nagel rissen? Denn sie waren schnell beim Privatisieren dessen, was eigentlich allen gehörte.

Und was sollen wir produzieren in unseren Betrieben, wenn es niemand mehr kaufte? Vorher hatte jeder geschimpft, wie rückständig sein Betrieb produzierte. Das war nun offensichtlich, aber jetzt bedeutete es für viele Arbeitslosigkeit. Die Beziehungen zu den bisherigen Handelspartnern, der Sowjetunion, Polen und Ungarn, brachen zusammen, vor allem, als diese für DDR-Produkte West-Mark bezahlt sollten.

Und nebenbei kamen die „Nadelstreifen" von Aldi, Penny und Co., um in unserem noch nicht vorhandenen Gewerbegebiet Traglufthallen zu errichten. Wenn man sie zunächst abwies, machten sie deutlich, dass wir schmählich zugrunde gehen würden, wenn wir ihren „Segnungen" nicht sofort nachkommen würden.

An den Ländern des arabischen Frühlings sieht man, wie schief eine solche Zeit des Machtvakuums gehen kann, am schlimmsten in Syrien. Gott sei Dank gab es genügend Leute, die sich nach der DDR für einen friedlichen Fortgang engagierten.

Der Kairos der Geschichte

Es ist recht einfach, ein unbequemes Regime zu beseitigen. Schnell sind sich alle Gruppierungen einig: Der muss weg. Die müssen weg. Doch wenn dies geschehen ist, muss man einen Weg finden: Was bauen wir auf? Da differenzieren sich die Meinungen sofort, je nachdem, was den Leuten oder Parteien am Herzen liegt. Von dort aus zusammen in eine Richtung zu gehen, ist nicht einfach. Wohl waren wir uns einig: Es soll demokratische Wahlen geben. Doch dazu brauchten wir ein neues Wahlgesetz, das alte war ungeeignet. Und so wurden am 6. Mai 1990 auf allen Ebenen neue Mandatsträger gewählt, Bürgermeister, Landräte, Landesparlamente, die DDR-Regierung. Es war ein erhebendes Gefühl, endlich frei wählen zu dürfen. Nach der im Wahlgesetz vorgesehenen Einspruchsfrist gab es ab Anfang Juni 1990 eine neue Regierung. Es lief wieder in geordneten

Bahnen. Die Zeit des Übergangs mündete in demokratische Verhältnisse ein.

Und Deutschland war in Europa nicht allein. Was dachten die Nachbarn? Würden sie sich freuen oder sich eher verweigern? Würde es mit ihnen komplizierte Auseinandersetzungen geben? Was 1988 niemand vermutet hatte, trat ein. Es gab „grünes Licht" für eine Wiedervereinigung. Auch das führte zu ungewöhnlichen Entscheidungen. Weil das neue Gesamtdeutschland zur Nato gehörte, waren bis 1994 auf Natogebiet russische Soldaten stationiert, bevor sie in die Sowjetunion zurückkehrten. Hätte man 1987 jemandem gesagt: „In Kürze sind 500.000 russische Soldaten auf Natogebiet!", hätte der wohl vermutet, dass die Sowjetunion im Westen einmarschiert wäre. In den Jahren 1989 bis 1994 wurde die halbe Million russische Soldaten inklusive allen militärischen Gerätes aus der DDR abgezogen. Und das in einer Zeit, in der in Moskau 1991 gegen Gorbatschow und 1993 gegen Jelzin geputscht wurde. Gott sei Dank gab es international Politiker, die die Wiedervereinigung nicht verhinderten.

Wir hätten gern länger geträumt

Die Zeit der Wende war eine emotional und mental anspruchsvolle Zeit. Plötzlich lag ein großer, bunter Gestaltungsraum vor uns. Von einem auf den anderen Tag war vieles möglich, was wir uns jahrzehntelang erträumt hatten. Es kam uns vor wie eine große, grenzenlose Wiese, auf der man seine Frühlingsgefühle austoben konnte. Sehr bald war klar: Die DDR-Bundesländer werden der Bundesrepublik Deutschland beitreten und ihr Grundgesetz übernehmen. Das war für uns so, als ob auf der großen Wiese der Freiheit ein neuer Weidezaun gezogen wurde, der die freie Fläche eingrenzte. Die Wiese war noch da, aber der Freiraum war klar definiert. Das bedeutete zum Beispiel: Die neuen Lehrpläne und -bücher für die Schüler kamen aus Bayern oder NRW. Die Staatsanwaltschaft führte jemand aus dem Westen, der das System kennt. Die Förderung von evangelischer Kinder- und Jugendarbeit geschah über freie Träger – wie im Westen. Also mussten wir freie Träger bilden. Renten und Sozialversicherung liefen wie im Westen.

Das bedeutete auch, dass man das Sinnvolle aus dem Osten und das Sinnvolle aus dem Westen nicht zusammentragen konnte, sondern es gab ein dominantes System und das andere musste sich einordnen. Der Kopf sagt heute, es ging wohl nicht anders. Die Umorganisation des gesamten Landes hat noch genügend Kraft gekostet. Und ehe wir alles ausdiskutiert hätten, wären die alten Seilschaften wieder mächtig geworden. Aber die ganz große Freiheit war schneller vorbei als gewünscht, und es blieb nur die kleine Freiheit. Das Herz sagt, wir hätten gern mehr Eigenes eingebracht, statt alles von anderen zu übernehmen. Wir hätten gern noch ein wenig weiter geträumt und diese Träume dann gestaltet.

Trotz aller Unvollkommenheiten bei der Wiedervereinigung können wir dankbar und stolz zurückblicken. Die Entwicklung ist ein Zeugnis, dass trotz großer ideologischer Unterschiede und weltpolitischer Spannung eine friedliche Umwandlung denkbar ist. Gott sei Dank hat niemand die Geduld verloren. Gott sei Dank hat sich der Friede gelohnt.

„Suche Frieden und jage ihm nach." Frieden und Gewaltlosigkeit muss man suchen. Sie liegen nicht als erste Reaktionsmuster auf der Hand. Wir denken allzu schnell, dass erst Zerstörung und Gewalt Aufmerksamkeit verschaffen. Gewaltlosigkeit ist schnell auf und davon, ganz verschwunden oder hinter brennenden Barrikaden und Auseinandersetzungen mit Polizei und Absperrungen verborgen. Ist sie einmal abhandengekommen, stellt sich die Frage, wie man wieder auf eine Ebene des Austausches und der friedlichen Veränderung zurückkommt. Viele Konflikte in dieser Welt beweisen, dass die Spirale der Gewalt keine Lösung bringt. Deshalb: „Suche Frieden und jage ihm nach!"

DER DRITTE WEG JESU

Für eine Theologie und Praxis des aktiven, mutigen, gewaltfreien Handelns gegen Unrecht und Unterdrückung

Lutz Krügener

„Wer das Schwert nimmt, wird durch das Schwert umkommen!" – „Wenn dich jemand auf deine rechte Backe schlägt, dem biete die andere auch dar." – „Liebt eure Feinde und bittet für die, die euch verfolgen …"

Mit Sätzen wie diesen deutet Jesus einen Weg an, wie man auch mit Unrecht und Gewalt umgehen kann. Auf diesen „dritten Weg Jesu" möchte ich hier näher eingehen. Das Römische Imperium stellte Länder und Menschen, die sie überfielen, vor die Alternative: Kampf oder Unterwerfung. Beide Wege sind für Jesus keine Option, sondern es geht ihm um einen dritten Weg, den des aktiven, mutigen, gewaltfreien Handelns gegen Gewalt und Unterdrückung.

Der US-amerikanische Theologe Walter Wink hat diesen dritten Weg Jesu für mich sehr überzeugend herausgearbeitet.[3]

---

3 Im Folgenden beziehe ich mich auf dieses Buch: Walter Wink: Verwandlung der Mächte, Regensburg, 2014.

Der Mythos der erlösenden Gewalt

Wink postuliert: „Die Welt glaubt an den Mythos der erlösenden Gewalt" (Wink, S. 48 ff.). Damit meint er die Erwartung, dass Gewalt rettet, ja erlöst. Es ist der Glaube, dass Gewalt geradezu notwendig ist, um vermeintlich Gutes zu schaffen. Gedanken wie diese finden sich früh, zum Beispiel in den alten Schöpfungsmythen Babylons, und sie ziehen sich durch weite Teile der Menschheitsgeschichte. Auch heute noch ist dieser Glaube aktiv: Er findet sich überall, ob in den Kämpfen in Afghanistan, Syrien, der Ukraine oder beim Einsatz gegen den sogenannten Islamischen Staat. Erlösende Gewalt rechtfertigt die Strategien Russlands, Chinas und der NATO. Und sie findet sich bis in die klassischen und aktuellen Comic- und Heldenfiguren und Computerspiele: Superman, Lara Croft, Batman ... Der Mythos erzählt: Gewalt ist nötig, um vermeintlich Gutes zu erreichen.

Wir sehen im Alltag, dass es zahlreiche Mächte in dieser Welt gibt, die nicht das Gute ihrer Mitmenschen suchen, sondern nur den Erhalt und die Vermehrung ihrer Macht. Dafür sind sie bereit „über Leichen zu gehen". Deshalb wurde Jesus getötet und Millionen nach ihm – bis heute. Ich muss die Bilder nicht näher beschreiben, wir haben sie alle im Kopf: Kriege, Terror, Unterdrückung und Flüchtlinge, die im Mittelmeer ertrinken. Der Mythos behauptet seit Jahrtausenden, dass es letztlich die Macht und Gewalt der Herrschenden braucht, um dieses Chaos einzugrenzen. Mit diesem Mythos rechtfertigen sie ihre eigene Herrschaft. Dieses Denken fand seinen Niederschlag auch in der kirchlichen Lehre vom „gerechten Krieg", die entwickelt wurde, als die frühe Christenheit nach immerhin fast dreihundert Jahren ihre aktive Gewaltfreiheit ablegte und als Staatsreligion selbst auf die Seite der Mächtigen und damit der Gewalt wechselte.

Viele der Propheten, die Bergpredigt, der Osterglaube – unser Glaube – erzählen etwas ganz Anderes: Die Mächtigen zogen gegen Jesus, den Unbewaffneten, mit Schwertern aus. Er aber sprach: „Wer das Schwert nimmt, wird durch das Schwert umkommen." Jesus ging bewusst, erhobenen Hauptes bis zuletzt seinen Weg der aktiven Gewaltfreiheit und ließ sich darin nicht beirren. Die Menschen forderten ein Zeichen der erlösenden Macht und Gewalt: „Hilf dir nun selber und steig herab vom Kreuz!" Er hätte die himmlischen Heerscharen herbeirufen sollen, aber so ist unser Gott nicht. Stattdessen lebt Jesus die Feindesliebe, heilt das abgeschlagene Ohr des Feindes und spricht am Kreuz: „Vater, vergib!"

Die Vision einer verwandelten Welt

Jesus lebte die Vision einer verwandelten Welt, in der sich Menschen und Mächte im Einklang mit Gott befinden. Er glaubte, dass wir uns durch Liebe, durch Vergebung, aber auch durch aktives Streiten für Gerechtigkeit verändern können. Jesus glaubte, dass wir leben können, was er predigte und lebte: „Du bist geliebt, deshalb liebe Gott und deine Mitgeschöpfe." Dies wäre das Reich Gottes, das mitten unter uns wächst.

Der Verwirklichung dieser Vision von Jesus stehen in der Welt starke Kräfte, nach Walter Wink besser Mächte (S. 27 ff.), entgegen und gleichzeitig unser unser resignierendes Denken und Handeln: „Da kann man nichts machen. So ist die Welt. Krieg hat es schon immer gegeben. Das ist das System! Da hilft nur die harte Hand, denn letztlich: Unterm Strich zähle ich ... " Was hier das Denken und Handeln bestimmt, ist aber letztlich ein „Ungeist".

Wink beschreibt als Alternative, dagegen anzubeten (S. 151 ff.). Wir können der Kraft unseres Gebetes vertrauen und dadurch Orientierung, Halt und Mut zum Handeln finden. Sonst tragen wir mit einem Male selbst dazu bei, Leiden zu verbreiten und Leben zu vernichten, direkt oder indirekt, obwohl wir es eigentlich nicht wollen. Das Ziel ist dann nicht länger die Beseitigung der „lebensfeindlichen Mächte", die „Vernichtung der Monster", wie es der Sprachgebrauch heute gegenüber Menschen, die zu Terroristen werden, ausdrückt, sondern es geht um die Verwandlung dieser Gewalttäter. Auch ihnen gilt die Feindesliebe.

Dieser Anspruch erscheint kaum zu ertragen oder gar zu verwirklichen. Aber wir glauben doch auch an die Auferstehung, warum können wir dann nicht an die Verwandlung dieser Welt durch Liebe glauben, wie sie Jesus gepredigt und gelebt hat? Beides sollte für Christen als die zentrale Botschaft Jesu keine Utopie sein.

Der dritte Weg

Konkret wird diese Verwandlung der Mächte nach Wink durch den sogenannten „dritten Weg Jesu". Jesus ging ihn voran, wurde darin aber schon von seinen Jüngerinnen und Jüngern kaum verstanden. Sein Weg ist weder gewaltsamer Kampf noch Flucht. Diese beiden, so natürlich erscheinenden Wege, wählten bereits die Jünger bei der Gefangennahme ihres Herrn: einer zog das Schwert, die anderen flohen. Damit sind die Jünger Abbilder der Alternativen, vor die die Mächtigen der Welt die unterworfenen Völker stellten: Kampf oder Flucht/Unterwerfung.

Der dritte Weg setzt an in Mt 5,38-41: „Ihr habt gehört, dass gesagt worden ist: Auge für Auge und Zahn für Zahn. Ich aber sage euch: Leistet dem, der euch etwas Böses antut, keinen gewaltsamen [ergänzt nach Wink] Widerstand, sondern wenn dich einer auf die rechte Wange schlägt, dann halt ihm auch die andere hin. Und wenn dich einer vor Gericht bringen will, um dir das Hemd wegzunehmen, dann lass ihm auch den Mantel. Und wenn dich einer zwingen will, eine Meile mit ihm zu gehen, dann geh zwei mit ihm" (Übersetzung Wink, S. 90).

Die andere Wange hinhalten, den Mantel lassen und die Meile mitgehen wurden häufig als passive, unterwürfige Haltung verstanden. Aber wenn wir nur etwas auf Jesus schauen, so können wir zwar oft unterschiedlicher Meinung sein und wissen vieles nicht, aber nie würden wir Passivität und Unterwürfigkeit als seine Grundhaltung beschreiben oder als etwas, das er von seinen Mitmenschen fordert.

Wie sind die Sätze nun zu verstehen? Der Schlag auf die rechte Wange mit der rechten Hand kann nur der entehrende mit dem Handrücken sein. Es ist der Schlag des Herrn gegen den Knecht. Wir müssen das heute erklären, zu Jesu Zeit verstanden seine Zuhörer dies unmittelbar, denn viele von ihnen waren die geschlagenen Knechte. Wenn nun ein Geschlagener die andere Wange darbietet, macht er deutlich: „Ich lasse mich nicht entehren!" Er bleibt Handelnder. Jesus zeigt so einen Weg, die Opferrolle nicht anzunehmen. Ich lege die Stelle auch so aus, dass Jesus nicht nur einen Weg gegen die direkte Gewalt aufzeigt, sondern auch dazu ermutigt, strukturelle Gewalt zu bekämpfen. Die Struktur von „Herr und Knecht" wird mit diesem Handeln grundsätzlich infrage gestellt. „Wenn du mich schon schlägst, dann von Gleich zu Gleich!", dies wäre der Schlag auf die andere Wange.

Es ging Jesus darum, mit ganzer Kraft den Kampf gegen die ungerecht herrschenden Mächte aufzunehmen, ohne sich selbst durch das falsche Mittel der Gewalt in das zu verwandeln, was er bekämpfen wollte. Dieser Weg, der Opferbereitschaft einschließt, ist niemanden vorzuschreiben, und Jesus tat dies auch nicht, aber er lebte diesen Weg und legte uns die „heißen Kohlen" zum Nachdenken und Nachfolgen „aufs Haupt". Und noch etwas wollte Jesus mit diesem Weg aufzeigen: Gewaltherrschern wird ein Weg aufgezeigt, der sie in den Weg der Verwandlung mit hineinnimmt. Sie können, was auch heute wichtig ist, ihr Gesicht wahren.

Diese Auslegung wird durch die folgenden beiden Beispiele bestätigt: „Wenn dich einer vor Gericht bringen will", dies kannten die Zuhörer nur zu gut. Viele lebten in Schuldknechtschaft und wurden gepfändet. Aber es war altes, verbrieftes jüdisches Recht, dass ihnen der Mantel gelassen werden musste (2 Mose 22,24-26, 5 Mose 24,10-13). Wer diesen nun vor Gericht aus freien Stücken abgab, machte damit deutlich: „Es gibt noch Handlungsmöglichkeiten, auch in der größten Erniedrigung!" Wieder wird das System hinterfragt, das vermeintlich gerechte Rechtssystem wird demaskiert und durch die Nacktheit des Opfers beschämt. Aber auch dem Gläubiger eröffnet das provokante Handeln „vielleicht zum ersten Mal in seinem Leben, die Folgen seiner Handlung zu erkennen und zu bereuen" (S. 95).

„… dann geh zwei mit ihm." – Auch hier verstanden die Zuhörenden wieder, worauf Jesus anspielte: Jeder konnte von den römischen Besatzern genötigt werden, Gepäck oder Material zu tragen, wie es Simon von Kyrene mit dem Kreuz machen musste. Aber es länger als eine Meile tragen zu lassen, war ein Verstoß gegen den Militärkodex, und der Soldat musste mit Strafe rechnen. Wieder eröffnete Jesus eine Handlungsmöglichkeit durch eine „paradoxe Intervention". Die Verhältnisse wurden umgekehrt. Plötzlich musste der Soldat sein Opfer bitten, die Last zurückzugeben. Wir können das heute kaum noch verstehen, aber die Zuhörer damals haben sich gefreut „über die Aussicht, ihre Unterdrücker auf diese Weise aus der Fassung zu bringen" (S. 97).

Wieder setzte Jesus darauf, dass sich auch beim Täter etwas veränderte und er beim nächsten Mal anders handeln konnte. Wieder wurde die unterdrückerische Struktur hinterfragt. „Diese Weisungen wollen die Welt nicht auf einen Schlag verbessern, sondern durch eine handhabbare Strategie den Unterdrückten Macht vermitteln ... Jesu Lehre der Gewaltfreiheit vermittelt eine Ahnung davon, wie man ein ganzes System angreifen kann, indem man die dahinterstehende Grausamkeit aufdeckt und die angemaßte Gerechtigkeit verspottet"(S. 95).

Die konkrete Umsetzung in unserem Alltag

Der dritte Weg Jesu weist konkret gewaltfreie individuelle und gesellschaftliche Handlungswege auf. Unsere Aufgabe ist es, sie in intelligente, humane und moderne Handlungsoptionen umzusetzen.

Die Zeichen der Zeit weisen leider in eine andere Richtung. Die Aufrüstungsspirale wird angezogen, der Militärhaushalt soll in Deutschland, Europa und der ganzen Welt massiv erhöht werden. Abschreckung, auch die atomare, erlebt eine Erneuerung. Flüchtlinge werden nicht solidarisch behandelt, sondern ausgegrenzt. Machtverhältnisse werden nicht infrage gestellt, sondern immer mehr gefestigt ...

Wenn wir als Kirche uns schon politisch einmischen, was wir nur sehr bewusst und begrenzt tun sollten, ist es nicht unsere Aufgabe die hunderterste Stimme im Chor zu sein. Wir sollten unsere Stimmen für das Leben und die Gewaltfreiheit erheben. Dies ist der Auftrag, den wir in der Nachfolge haben. Geben wir dem Ungeist der Rechtfertigung von Gewalt nicht noch mehr Raum, als er ohnehin überall erhält.

Der dritte Weg Jesu ist dabei gewiss nicht als Patentlösung gemeint. Bei der Komplexität der heutigen Konflikte müssen wir auch anerkennen, dass wir meistens ratlos sind und unsere Hilfsversuche oft hilflos bleiben. Aber aus meiner Sicht haben nahezu alle aktuellen Kriege nach dem sogenannten Kalten Krieg gezeigt, dass man Gewalt nicht mit Gewalt beseitigen kann, sondern diese nur neue hervorbringt. Irak und Libyen beweisen dies gerade auf erschreckende Weise.

Wenn wir in den aktuellen Kriegen erkennen, dass Gewalt nicht zu Lösungen führt, warum setzen wir dann nicht all unsere Intelligenz, unser Geld, unseren Mut und unser Engagement für einen neuen Weg ein? Es bräuchte zivile Anstrengungen und dafür Gelder, Ingenieure, Sozialarbeiter, Friedensarbeiter und Denker, wie wir sie in gigantischem Maße ins Militär stecken. Wann wandeln wir unsere Waffenproduktion in Investitionen in hocheffiziente Speicherbatterien, in Salzwasseraufbereitungsanlagen, vor allem aber in Diplomatie, Mediation und zivile Konfliktbearbeitung um? Und, da wir in einer unerlösten Welt leben, auch in polizeiliche Maßnahmen, in Blauhelmeinsätze, OSZE-Missionen und all das, was wir bereits an sinnvollen Maßnahmen entwickelt haben. Der dritte Weg Jesu zeigt, dass der direkte Dialog, auch mit dem Gegner, immer das probate Mittel ist. Dieser muss konfrontiert werden, aber in einer Art, die ihn als Mensch nicht abwertet, sondern seine Veränderung ermöglicht. Dies war die Kunst von Jesus, und es wäre die hohe Kunst der modernen Diplomatie. Aber wir können diese zivilen Maßnahmen, die Diplomatie, die UN und anderes nicht mit einem Hundertstel unserer Militärausgaben ausstatten und dann behaupten, sie würden nichts bringen.

Hier müssen wir als Kirche unsere Stimme erheben: für einen Vorrang an zivilen Lösungen auf dem Weg zu einem gerechten Frieden. Es ist nicht unsere Aufgabe, Kriege zu rechtfertigen. Die Friedensforschung, die Friedensethik und die zivilen Konfliktbearbeitungsspezialisten haben überzeugende, bewährte Modelle, wie wir von einer sogenannten „Sicherheitslogik", die immer wieder zur Gewalt führt, zu einer „Friedenslogik" kommen können. Dies wäre die Übersetzung des dritten Wegs Jesu in die friedensethische und friedenspolitische Sprache.[4] Bringen wir den Mut für diesen dritten Weg Jesu auf?

---

4   Vgl. dazu die Position von Brot für die Welt: http://info.brot-fuer-die-welt.de/14_leitbild_frieden_de-2015-07-30.pdf

KONFLIKT UND FRIEDEN

Erfahrungen aus der Eheberatung

Florian Mehring

Die Überschrift spiegelt das Zentrum dessen wider, worum es in der Paarberatung sehr häufig geht: Wie können zwei Menschen aus dem Konflikt aussteigen und stattdessen den Frieden wählen? Es ist inzwischen kein Geheimnis mehr, dass es vielen Paaren in ihrer Partnerschaft schlecht geht. Die Scheidungsrate verändert sich über die Jahre zwar kaum, bleibt aber stabil auf hohem Niveau. Etwa jede dritte Ehe wird geschieden, im Schnitt nach etwa 14 Jahren. Die Trennungsrate älterer Paare, die 20 Jahre und länger zusammen sind, steigt in den letzten Jahren deutlich. Hier scheint es einen neuen Trend zu geben. Etwa 20 Prozent der Betroffenen empfinden die Trennung oder Scheidung als Befreiung. Der Rest nicht. Ganz zu schweigen von den Kindern. Die mitunter langjährigen Folgen einer Scheidung sind bei Erwachsenen vergleichbar mit allen Varianten und Facetten hohen Stressdruckes, einer Labilisierung auf psychischer, körperlicher und auch spiritueller Ebene. Zwar nehmen Kinder die Welt wie sie ist, jedoch ist mir persönlich nach mehr als 25 Jahren Beratungspraxis noch niemand begegnet, der die Trennung seiner Eltern ohne bedeutsame seelische Blessuren verkraftet hätte.

Ohne zu übertreiben, können wir sagen, dass Trennung und Scheidung in aller Regel den beteiligten Frauen, Männern und Kindern in hohem Maße weh tut. Und es ist viel Kraft und Geduld aufzubringen, um aus dieser Phase des Lebens mit neuer Kraft hervorzugehen – ganz abgesehen davon, was der Verlust stabiler Beziehungsmodelle mittel- und langfristig für uns als Gesellschaft und unser Verständnis von Partnerschaft beitragen wird. Zugespitzt wird diese Gesamtsituation dadurch, dass nach der Trennung recht viele Paare ernstlich bedauern, nicht mehr für den Erhalt ihrer Partnerschaft investiert zu haben. Aus dem Erleben jener oben beschriebenen nachfolgenden Schmerzen heraus. Aber auch, weil „nach dem Sturm" die Erkenntnis der möglichen Lösungswege, die man hätte wählen können, komischerweise, bedauerlicherweise und interessanterweise deutlicher wird. Ich habe Hunderte Paare begleitet und bin nach all diesen Jahren total sicher, dass etliche Trennungen ohne allzu große Mühe hätten verhindert werden können. Nicht nur das. Sondern auch dass eine Schubumkehr hin zu einem vitalen und beglückenden Miteinander selbstverständlich realisierbar wäre, wenn ... ja, wenn es zum Schulterschluss des Friedens zwischen den Partnern kommen könnte. Was verhindert diesen Frieden?

Wissen ist nicht genug

Landauf, landab werden Paarschulungen, Seminare, Workshops angeboten. Der Büchermarkt ist gut bestückt mit Literatur zum Thema. Die Leute sind zwischenzeitlich recht gut geschult. Sie wissen um die Bedeutung einer klaren und guten Kommunikation. Und tun es nicht. Sie wissen um die partnerschaftsfördernde Qualität gemeinsam verbrachter Zeit. Und tun es nicht. Sie wissen um die dysfunktionale Drucklage für die Beziehung, die vom Alltagsstress einer multioptionalen VUCA Postmoderne[5] ausgeht. Und sind doch oft sehr zaghaft darin, sich dagegen vernünftig zur Wehr zu setzen. Begegnungskompetenz, Kontrastharmonie, Intimität, Phasen des Lebens und ähnliches sind für viele Paare keine unbekannten Größen mehr, finden aber dennoch keine stabile Verankerung im alltäglichen gemeinsamen Umgang miteinander. Will sagen, viele Paare beziehungsweise Partnerschaften kranken ungemein daran, dass sie zwar manches wissen, was zu tun oder zu lassen gut und richtig wäre, es aber nicht in die Praxis umsetzen. Sie bleiben auf der Ebene der Theorie.

Der wahrscheinlich häufigste Satz, den ich in meiner Praxis höre, lautet: „Das ist aber nicht so einfach." Ich erwidere darauf gerne: „Ja, das stimmt. Aber ist es denn so schwer?" Das Gute und Richtige muss getan, nicht nur gewollt werden. Täter des Wortes müssen wir werden. Gute Vorhaben alleine dürfen nicht belohnt werden, nur die Tat zählt. „Machen ist wie Wollen, nur krasser" wird mir als Grundlinie in den Jahren meiner Beratungsarbeit immer sympathischer.

Damit sind wir noch nicht am Kern unseres Themas, aber wir nähern uns an. Insgesamt betrachtet, kann man

---

5 Das Akronym VUCA steht für eine Welt, die unberechenbar (volatil), unsicher, komplex und ambivalent (widersprüchlich) ist.

in der Welt der Beratung, Psychologie und Psychotherapie immer wieder erleben, dass der Grundkonflikt zwischen innen und außen diskutiert wird. Geschieht Veränderung von außen nach innen oder muss sie von innen nach außen praktiziert werden? Reicht es, wenn ich Verhaltensweisen umlerne und entsprechend nachhaltig trainiere? In der Hoffnung, dass sich das Antrainierte irgendwann irgendwie in die inneren Anordnungen des Menschen hinein generalisiert? Oder muss, damit eine Veränderung des Menschen überhaupt nachhaltig sein kann, immer erst eine Arbeit im und am Inneren stattgefunden haben? Erfahrungen, Erinnerungen, Prägungen durchgearbeitet und verarbeitet werden, sodass der Weg zu einem anderen Denken und Handeln möglich wird? Lerntheoretisch ist es wahrscheinlich gut möglich, eine Veränderung von A nach B zu erfahren, ohne tiefere Prozesse durchlaufen zu müssen. Heißt doch Lernen neurobiologisch betrachtet nichts anderes als die Verschaltung von Nervenenden im Gehirn. Wie es zu dieser Verschaltung kommt, ist dabei egal, Hauptsache, es kommt dazu. Dann wird gelernt. Dies bedeutet, dass zum Beispiel Auswendiglernen ebenso zu einer neuronalen Verschaltung führen kann wie ein Lernprozess durch einen tiefen Erkenntnisgewinn. So gesehen gibt es keinen qualitativen, sondern höchstens einen quantitativen Unterschied in den Lernarten. Trotzdem halte ich es für grundsympathisch und der Komplexität des Menschen entgegenkommend, wenn es gelingt, vom Entweder-oder in dieser Frage zu einem Sowohl-als-auch zu kommen. Was spricht denn dagegen, sowohl auf der Verhaltensebene als auch in den tieferen Schichten des

Seins zu arbeiten, um eine glückliche Veränderung hinzu-
bekommen? Nichts. Höchstens die zur Verfügung stehende Zeit oder die jeweilige Intensität des Leidensdrucks.

Eine veränderte Haltung

In Bezug auf unser Thema bedeutet dies, dass jene eine
Partnerschaft betreffenden Bereiche, die oben erwähnt
wurden, mehr dem Äußeren entsprechen. Also einer Veränderung im Verhalten. Ich kann lernen, anders, klarer,
eindeutiger und konstruktiver zu kommunizieren. Es ist
eine Technik. Und damit wird sicherlich eine deutliche
Verbesserung der Paarbeziehung eingeleitet. Das wird
dem Paar etwas bringen. Es bleibt aber eine Technik.

Mehr wird es bringen, wenn hinter dem Bemühen einer
verbesserten Kommunikation eine veränderte Haltung
steht. Haltung ist mehr als Technik. Sie betrifft irgendwie
das Innere, die tieferen Schichten. Wie gesagt geht es darum, das eine zu tun und das andere nicht zu lassen. Bezogen auf die Kommunikation, als ein wesentlicher Aspekt
der Kompetenz und Psychohygiene eines Paares, bedeutet dies, den Wunsch zu haben, den anderen zu verstehen
und sich ihm verstehbar zu machen. Eine Haltung der
Einladung zu praktizieren, keine des Ausladens. Dies wird
mindestens so viel schöne Farbe in die Beziehung hinein-
bringen wie das treue, trockene Durchführen einer Kom-
munikationstechnik. Wahrscheinlich mehr.

Gleiches Prinzip, anderes Thema: die Konfliktkompe-
tenz. Es gibt etliche Methoden und Werkzeuge zum siche-

ren und konstruktiven Streiten. Mit geeigneten Methoden kann man frühzeitig aus dem Kreislauf von Aggression und Gewalt aussteigen. Es ist sehr gut, diese Werkzeuge zu kennen und streng und verlässlich einzusetzen. Das wird dem Paar helfen, anders und besser miteinander umzugehen. Wenn sich aber die innere Haltung zueinander nicht ändert, zielt das alles zu kurz. Wenn nicht beide eine wirklich friedfertige Gesinnung entwickeln, greift die Maßnahme sehr wahrscheinlich nicht.

Friedfertigkeit dem Partner gegenüber setzt Friedfertigkeit sich selbst gegenüber voraus. Wenn Verhaltensweisen innerhalb einer Partnerschaft einer anderen, förderlicheren Haltung entspringen sollen, muss der Partner dazu einen inneren Weg gegangen sein. Manchmal ist das schwer und langwierig. Aber ein Elefant wird auch nicht mit einem einzigen Bissen aufgegessen.

„Der weiteste Weg ist der Weg zu mir selbst" hat einmal Dag Hammarskjöld gesagt. So ist es. Und weil das so ist, müssen wir irgendwann einmal beginnen, diesen Weg zu uns selbst anzutreten.

Wir merken, unser Thema hat viel mit der je eigenen Persönlichkeitsentwicklung, der je eigenen Identität zu tun. Oder anders ausgedrückt: Wer sich selber kennt und ganz gut mit sich auskommt, der hat gute Voraussetzungen für Partnerschaft und Ehe. Man kann diesen Prozess sicherlich auch unterwegs und gemeinsam ansteuern. Denn selbstverständlich kann und muss man nicht schon vor Antritt der Ehe „perfekt introspektiv" sein. Aber auch der gemeinsame persönliche Fortschritt innerhalb der Partnerschaft entlässt den jeweiligen Partner nicht aus seiner Eigenarbeit. Viele Partnerschaften haben an genau diesem Punkt ihre Sollbruchstelle. Zwei Partner, die, aus welchem Grund auch immer, versäumt haben, an ihrer persönlichen und damit gemeinsamen Tiefung zu arbeiten. Ohne diese Tiefung ähnelt eine Ehe einem Nachtflug in Überschall ohne Navigationshilfen. Und dies geht in den seltensten Fällen gut.

In der Praxis der Eheberatung sieht das dann so aus, dass die Probanden zunächst willig sind, sich auf konkrete Hausaufgaben und / oder Übungen einzulassen. Zum Beispiel Übungen zur Kommunikation wie die hoch bewährte Technik des „Zwiegesprächs". Nach einiger Zeit ebbt das Interesse daran jedoch häufig ab. Man „vergisst" die regelmäßige Übung. Oder erlebt die Herausforderungen des Alltags als so übermächtig, dass für diese Paarübung schlicht kein Zeitfenster mehr zu finden ist. Der Prozess stagniert.

Des Weiteren ist häufig erlebbar, dass die Partner reflexhaft aufeinander reagieren. Wie aus der Hüfte geschossen. Nach dem Motto: „Wie du mir, so ich dir. Du tust mir weh, also füge ich dir auch Schmerzen zu. Ich kann nicht zulassen, dass ich dir gegenüber unterliege." Es geht um Kampf und Macht. Darum, wer den längeren Atem hat oder „wer sich zuerst bewegt, hat verloren".

Was dabei fehlt, ist der Blick von der Seite, das sich selbst in diesem Geschehen Zuschauen und Lernen innezuhalten. Und dann anders, nämlich verbindend und konstruktiv, zu handeln. So bleibt es oft beim Konflikt, der Frieden wird nicht gewählt. Wenn es aber stimmt, dass in jedem Fall eine Wahl stattfindet, dann kann sie prinzipiell auch anders ausfallen.

Wir können können

Biblisch-anthropologisch wird der Mensch unter anderem als „nefesch" beschrieben. Der hebräische Begriff heißt übersetzt unter anderem „lebendige Seele, lebendiges Wesen". 1 Mose 2,7 ist eine wunderbare Textstelle, in der von der näfäsch die Rede ist. „So wurde der Mensch eine lebendige Seele (eine nefesch)." Neben der Beschreibung der Umfänglichkeit dieser lebendigen Seele (was wir heute gerne Ganzheitlichkeit nennen), beschreibt näfäsch den Menschen als bedürftiges und zugleich auch bevollmächtigtes Wesen. Er ist eine Person, die prinzipiell der Hilfe und des Schutzes (durch Gott) bedarf. Die allerdings auch bevollmächtigt ist zu handeln und zu gestalten. Wir können können.

Rö 12,2 hilft hier weiter: „Richtet euch nicht länger nach den Maßstäben dieser Welt, sondern lernt in einer neuen Weise zu denken, damit ihr verändert werdet und beurteilen könnt, ob etwas Gottes Wille ist – ob es gut ist, ob Gott Freude daran hat und ob es vollkommen ist" (NGÜ). Auch der Text der diesjährigen Jahreslosung geht in diese Richtung: „Suche Frieden und jage ihm nach" (Ps 34,15b).

Wir müssen eine Wahl treffen. Gott hat uns so geschaffen, dass wir das können, wenn wir es wollen.

Was kann oder muss man tun, um auf dem Weg der Reise nach innen weiterzukommen? Für die Entwicklung der eigenen Identität ist es stehende und bewährte Praxis, sich ein Gegenüber zu suchen. Einen Mentor, einen Berater oder einfach einen Menschen, der einem gewogen und fähig und willens ist zuzuhören. Das ist heutzutage ein sehr kostbares Gut. Ferner ist es unabdingbar auf dem Weg zum Frieden in der Ehe, die je eigene Persönlichkeitsstruktur der Partner herauszuarbeiten. Idealerweise gibt es auch zu diesem Zwecke wieder ein Gegenüber. In der Eheberatung arbeiten wir an dieser Stelle erfolgreich mit modernen psychometrischen Tests. Diese können sehr genau beschreiben, wie sich die jeweilige Persönlichkeit in Übereinstimmung oder im Gegensatz mit der des Partners beschreibt.

Viele Aspekte der Persönlichkeit werden dabei erarbeitet. Ist man introvertiert oder extrovertiert, sachlich oder warmherzig, emotional stabil oder flexibel, sensibel oder robust, selbstbehauptend oder sozial angepasst, intrinsisch oder extrinsisch motiviert? Und dann geht es in der Beratung darum, Akzeptanz für die jeweilige Andersartigkeit des Partners zu gewinnen und konkrete Schritte zu initiieren, wie beide mit Unterschieden und auch Gleichklang gut umgehen können. Es ist frappierend, wie sehr diese persönlich tiefende Arbeit den Frieden befördert.

Zwei Ichs im Wir

Wenn beide Partner überdies verstehen, dass Partnerschaft idealerweise „Zwei Ichs im Wir" bedeutet, wäre das von großem Gewinn für beide und ihren Frieden. Dies bedeutet, dass es schön ist, Zeit gemeinsam zu verbringen. Es sollte aber auch erlaubt und gefördert werden, dass die Partner Wege und Räume des Lebens für sich selber haben. Man bleibt schließlich der eigene Mensch, der man vor der Eheschließung auch war, auch wenn durch die

Partnerschaft etwas ganz Neues entstanden ist. Wir sind ein Fleisch geworden, was uns direkt zu einem weiteren, ungeheuer wichtigen Punkt führt.

Es geht um die Bereitschaft, die Paradoxien des Lebens zu akzeptieren. Schwarzweißdenken stiftet vermeintliche Sicherheit. Doch das Leben ist nicht schwarzweiß. Partnerschaft auch nicht. Sie sind stattdessen ein ständiges Sowohl-als-auch. „Zwei Ichs im Wir" ist genau das – eine Paradoxie. Die Stürme des gemeinsamen Lebens lassen sich viel besser bewältigen, wenn die Bereitschaft wächst, miteinander diese Paradoxien auszuhalten und zu gestalten. Gott macht uns in seinem Wort permanent genau das vor. Er lehrt uns die Paradoxie. Der große heilige Gott wird erbärmlich klein und schwach. Er wird in Bethlehem geboren. Das Reich Gottes ist schon da und muss noch werden. Gott ist Vater, Sohn und Heiliger Geist. All dies und noch mehr findet unter der Spannung der unerwarteten Wendung und Paradoxie statt. Gott geht uns auch an dieser Stelle voraus.

Was dient noch der Stärkung der je eigenen Identität? Verstehen wir, wo wir herkommen und was uns wie geprägt hat? Was ist unser Stallgeruch? Welche Bedeutung hat unsere Herkunft für uns heute? Was sind die Muster im Denken, Fühlen und Handeln? Welches Erbe übernehmen wir gerne, welches Erbe unserer Herkunftsfamilien schlagen wir besser aus? Diese Fragen helfen dabei, auf gute Weise die eigene Herkunft zu integrieren, um das Neue, die Partnerschaft eigenständig gestaltend und Richtung gebend leben zu können.

Natürlich dient dem Frieden auch, wenn die Partner die

wichtigen Lebensübergänge vom Ich zum Wir erlebt und durchlebt haben. Sprich, wenn sie halbwegs erwachsen geworden sind.

All das setzt voraus, dass Partner mehr oder weniger proaktiv handeln. Dass sie sich ihrer selbst, ihrer Gedanken, Gefühle und Reaktionen bewusst werden und bereit sind, eine Wahl zu treffen. Das klingt anspruchsvoll und ist es auch. Mit gutem Willen, der tätigen Hilfe Gottes und genügend Übung ist es jedoch absolut machbar. Geringer sollte der Anspruch an Ehe und aneinander nicht sein. Man muss eben etwas anders machen, wenn etwas anders werden soll. Konflikt und Frieden setzen immer voraus, dass der Mensch eine Wahl treffen kann und trifft.

Richtig rund wird unser Thema aber erst, wenn Paare tätig mit Gottes Hilfe und Segen rechnen. Wenn sie Gottes lebenslange Begleitung vom ersten bis zum letzten Atemzug glaubend und wissend erfassen. Wenn sie verstehen, wer der biblische Gott ist, und was er für jede und jeden getan hat. Gott ist ein Gott des Friedens. Er ist uns allen in allem vorausgegangen. Er hat unter Schmerzen alles, wirklich alles auf sich genommen. Dieses Geheimnis des Glaubens erst ermöglicht in uns die wirkliche Bereitschaft zum Frieden. Der Gott der Bibel ist unser konstituierendes Gegenüber. An ihm und durch ihn werden und sind wir. Unsere Identität beziehen wir vor allem durch ihn und bezogen auf ihn. „Der ICH BIN sagt mir, wer ich bin." Sein Friede wird zu meinem Frieden. Und das ermöglicht, mir vom Mann aus Nazareth das Schwert aus der Hand nehmen zu lassen. Und auch in der Ehe den Frieden zu wählen.

EINE RUINE IN COVENTRY – MAHNUNG ZUM FRIEDEN

Gisela Fähndrich

Coventry – Symbol für Frieden und Versöhnung

In der Nacht vom 14. auf den 15. November 1940 legte das nazideutsche Militär die Innenstadt und damit auch die mittelalterliche Kathedrale von Coventry in Schutt und Asche. Es ging um die Luftherrschaft über England. „Operation Mondscheinsonate" war der zynische Name der grausamen Aktion. Die Innenstadt brannte, die Kathedrale auch. Nur der Turm blieb stehen. Unbeirrt läutend begleitete die Glocke im Turm die verzweifelten Bürger und Bürgerinnen. 60.000 Häuser und Gebäude wurden zerstört, 568 Tote waren zu beklagen.

Es gelang nicht, die Bevölkerung zu demoralisieren, genauso wenig wie es später bei den Bombenangriffen in Nazideutschland gelang. In Deutschland wurde die „Aktion Mondscheinsonate" als voller Erfolg gemeldet. Daraus entstand für die Zerbombung von Städten durch das nazideutsche Militär der Begriff „Coventrisieren".

So berichtet der Propst der Kathedrale von Coventry, Richard Howard, über die Geschehnisse der fürchterlichen Nacht: „Am frühen Morgen war die Zerstörung vollständig. Alle Dächer waren verschwunden und die ganze Kathedrale lag zum Himmel hin offen. Die einzigartigen Säulen, Bögen und Lichtgaden des Schiffes, die Kanzel und Seitenschiffe lagen am Boden in langen Haufen zerbrochenen Mauerwerks."[6]

Als Christ und Theologe versucht er für sich eine Deutung: „Die ganze Nacht lang brannte die Stadt, und ihre Kathedrale brannte mit ihr – ein Zeichen für die ewige Wahrheit, dass, wenn Menschen leiden, Gott mit ihnen leidet. Doch der Turm stand noch mit der Spitze in den Himmel aufragend – ein Zeichen für Gottes alles überwindende Majestät und Liebe."

Bereits sechs Wochen später sendete BBC aus den Ruinen der Kathedrale von Coventry die Weihnachtsbotschaft von Frieden und Versöhnung, verkündigt von Dompropst Richard Howard, hinaus in die Welt: „Was wir der Welt sagen wollen, ist dies: da Christus heute in unseren Herzen wieder geboren wurde, werden wir versuchen, so schwer dies auch sein mag, alle Gedanken an Rache zu verbannen. Wir nehmen all unsere Kraft zusammen, um die enorme Aufgabe zu Ende zu führen, die Welt vor Tyrannei und Grausamkeit zu schützen. Wir werden versuchen, die Welt freundlicher, einfacher, dem Christuskind ähnlicher zu machen."

Nicht Hass oder der Wunsch nach Vergeltung waren die Botschaft, die vom zerstörten und trauernden Coventry ausgingen, sondern der Gedanke, Frieden zu stiften, zu

---

6 Alle Zitate und wichtige Detailinformationen stammen aus Oliver Schuegraf: Vergebt einander, wie Gott euch vergeben hat, Verlag Otto Lembeck, Frankfurt/Main. 2008.

heilen und zu versöhnen. Nicht alle seine Landsleute folgten dem Dompropst auf seinem Weg. Zu tief waren mitten im Krieg die Feindbilder verwurzelt. Aber durch den Mut und die tiefe Glaubenseinsicht von Richard Howard wurde Coventry zum Symbol für Frieden und Versöhnung weltweit. Howard ging diesen Weg konsequent weiter. 1948 ließ er auf die Reste der Altarwand eine richtungweisende Botschaft eingravieren: FATHER FORGIVE! – Vater vergib! Das Wort klingt an Jesu Wort am Kreuz an: „Vater, vergib ihnen, denn sie wissen nicht, was sie tun." Doch ist es in seiner Botschaft mitten unter Mitmenschen gesagt, die eine Ergänzung der Gravur erwarten: „Father forgive them." – Vater vergib denen! Richard Howard blieb bei seiner Entscheidung. Der Christ und Theologe mag Geschichten aus dem zweiten Testament im Herzen getragen haben, wie die von der Ehebrecherin (Joh 8,2-11) mit dem Jesuswort: „Wer unter euch ohne Sünde ist, der werfe den ersten Stein auf sie."

Eine Doppelkathedrale

In seinem Buch *Ruined and Rebuilt* bedenkt Richard Howard das Geschehen der Novembernacht in Coventry intensiv als Christ und Theologe. Es ist die Leidensgeschichte Jesu, die er in dem Geschehen abgebildet sieht. Er schreibt: „Als ich die Kathedrale brennen sah, schien es mir, als ob ich die Kreuzigung Jesu an Seinem Kreuz sähe. … Dass solch ein großartiges und prachtvolles Gebäude, in dem Christen seit fünfhundert Jahren Gott verehrt haben, nun in einer einzigen Nacht durch die Verderbtheit der Menschen zerstört sein sollte, war sicherlich eine monströse Sünde, die ihresgleichen sucht. Auf eine unerklärliche Weise war dies eine Teilhabe am immerwährenden Opfer der Kreuzigung Christi. Als ich mit diesem Gedanken im Kopf am Morgen nach der Zerstörung die Ruine der Kathedrale betrat, da ergriff mich schlagartig die tiefe Gewissheit, dass so wie die Kathedrale mit Christus gekreuzigt worden ist, sie mit ihm auch wieder auferstehen werde. Wie oder wann konnten wir nicht sagen, aber darauf kam es auch nicht an: Die Kathedrale würde wieder auferstehen."

Das wurde dann auch die Aufgabe für die, die sich mit dem Bau der neuen Kathedrale befassten. Die Berichte von Kreuz und Auferstehung sind untrennbar *eine* Botschaft. Das Kreuz Christi für sich ist ein Zeichen von Gewalt und Unrecht, der Niederlage von Frieden und Versöhnung. Von der Auferstehungsbotschaft her gesehen hat das Kreuz Christi nicht das letzte Wort. Das letzte Wort behält sich Gott vor. Er steht gegen Gewalt und Unrecht zu seiner Mensch gewordenen Liebe zu den Seinen, zu seiner Mensch gewordenen Versöhnung mit den Seinen. So wurde die neue Kathedrale zum Anbau an die Ruine der alten Kathedrale. Sie gehören untrennbar zusammen und sind so schon als Gemeinsames die sichtbare Verkündigung der Botschaft von Frieden und Versöhnung. Der Weg führt jeden Besucher an dieser Geschichte Gottes entlang, von der Ruine durch die Glastür, auf der Engel und Heilige eingraviert sind, Boten Gottes. Dem Boten Gottes sind auch die Frauen am Grab Jesu begegnet: „Was sucht ihr den Lebenden bei den Toten?" Engel und Heilige sowie Symbole der Auferstehung lassen in die neue Kathedrale eintreten und weisen den Weg zum Hauptaltar, auf dem in abstrakter Interpretation das verkohlte Holzkreuz aus der Ruine der alten Kathedrale steht, in das ein Nagelkreuz kunstvoll eingefügt wurde. Holzkreuz und Nagelkreuz halten die Verbindung zur Ruine der mittelalterlichen Kathedrale Coventrys. Weiter führt der Weg die letzte Strecke zur Rückwand der neuen Kathedrale, zum Riesenwandteppich mit dem Bild Jesu Christi als Weltenherrscher, der deutlich sichtbar die Nägelmale der Kreuzigung trägt. Links davon ist eine kleine Kapelle mit einer Nachbildung der Madonna von Stalingrad, rechts davon eine Kapelle mit dem Mosaik des Leidens Christi im Garten Gethsemane.

Der ganze Weg ist Verkündigung: Am Kreuz Christi angewurzelt zu bleiben, führt in Verzweiflung, Hoffnungs- und Friedlosigkeit. Wer die Botschaft von Ostern vom Leiden des Kreuzes trennen möchte, übersieht, dass Gott den Seinen Frieden und Versöhnung schenkt und sie mit diesem Geschenk ins Leben schickt, um zu Boten seines Friedens, seiner Versöhnung zu werden. Die Darstellung von Christus als Weltenherrscher verbildlicht die Verbindung von Gabe und Aufgabe. Der Weg von der Ruine zum Bild des Weltenherrschers ist ein Glaubensweg, der wie selbstverständlich Thema und Auftrag von Coventry erleben lässt, das ganzes Leben und Wirken in den Dienst von Frieden und Versöhnung zu stellen.

Bis heute bietet das Team derer, die in Coventry im Dienst sind, allen Besuchern diese Botschaft, diese Einsicht, diese Ermutigung an und nimmt sie hinein in die Erfahrung des Kreuzes und der Auferstehung Christi.

Das Nagelkreuz

Dompropst Richard Howard hat die Geburtsstunde des weltweiten Friedens- und Versöhnungszeichens Coventrys so berichtet: „Am Morgen nach der Zerstörung der Kathedrale las der Pfarrer A. P. Wales, der Geistliche einer Gemeinde in Coventry, die schmerzlichen Schaden erlitten hatte, drei lange, scharfe Nägel aus der Ruine der Kathedrale auf, band sie mit einem Stück Draht zu einem Kreuz zusammen und nahm es mit, um es dem Bischof zu zeigen.

Drei Monate später führte ich einen jungen Freund von mir, Stephen Varney, einen Studenten am Balliol College in Oxford, in der Kathedrale herum. Ich bemerkte, dass er zwei kleine Nägel aufgelesen hatte und mit etwas Draht in Kreuzesform gebracht hatte. Er sagte: ‚Ich habe die Bedeutung des Kreuzes niemals so machtvoll gespürt, wie hier in diesen Ruinen‘.“

Zweimal die gleiche Erfahrung, zweimal das gleiche Bild. Das Kreuz aus der Ruine – ein Nagelkreuz. Für Propst Richard Howard ist es ein Glaubenszeichen. Als Christ sieht er das Kreuz nicht als das Ende. Das Kreuz hat nicht das letzte Wort. Das Kreuz ist geglaubt die Voraussetzung für die Auferstehung, neues Leben, Versöhnung und Frieden. Es öffnet den Weg der Versöhnung und des Heilens und nicht den Weg des Hasses und der Vergeltung. So wird das Nagelkreuz das Symbol für den Auftrag, den Coventry sich gibt von jener Nacht an, die Zerstörung und Demoralisierung zum Ziel hatte.

Das Nagelkreuz begann nach dem Ende des Zweiten Weltkrieges seinen Weg in die Welt. Es begann diesen

Weg als eine Art Erinnerungszeichen an Coventry, an die Zerstörung und die Hoffnung, daran, dass die Verbindung zwischen Kreuzigung und Auferstehung unaufgebbar ist. So wurde es auch zum Zeichen der Verbundenheit, der Solidarität, des aneinander Denkens. Wichtige inländische und ausländische Persönlichkeiten des öffentlichen Lebens, die sich mit Coventry und seinem Schicksal verbunden haben, erhielten es, um sie als Mitstreiter für den Weg der Versöhnung und des Friedens zu gewinnen. Über die Jahre wurde das Gemeinden oder Einrichtungen verliehene Nagelkreuz in noch vertiefter Bedeutung zu einem Zeichen der Anerkennung und der Ermutigung für die, die mit großem Engagement auf dem Weg des Friedens und der Versöhnung unterwegs sind.

Der Grundgedanke von Propst Richard Howard, dass aus der Zerstörung Coventrys ein Dienst wachsen sollte, führte das Nagelkreuz auch nach Deutschland.

Die erste Begegnung mit Deutschland ereignete sich Weihnachten 1946 in Coventry selbst. Ein Kinderchor aus Hamburg gestaltete den Weihnachtsgottesdienst in der provisorischen Chapel of Unity mit. Howard begrüßte den deutschen Priester und nahm dabei sein Thema „Versöhnung und Wiedergeburt" auf: „Sie wissen, was uns hier in Coventry angetan wurde und Sie können sich leicht ausmalen, wie es war. Wir wissen, wie es Ihnen in Hamburg erging und wir können es uns teilweise vorstellen.

Ich denke, ich sehe uns zu Füßen des Christkinds in seiner Krippe liegend. Über das Kind hinweg strecke ich meine Hand aus und lege sie in die Ihrige, mein Bruder ... Wenn ich hinunter auf das Jesuskind schaue – den menschgewordenen Gott – dann kommen mir sofort zwei Worte in den Sinn, die ich Ihnen sagen möchte. Das erste lautet Vergebung. ... Und das zweite ist dies: Wiedergeburt. Hier in Coventry müssen wir 20.000 neue Häuser bauen, eine ganze neue Innenstadt und eine Kathedrale, die wieder hergestellt werden muss. Sie haben sogar eine noch größere Aufgabe vor sich. Aber noch wichtiger ist, dass ein neuer Geist geboren werden muss – neuer Mut, neuer Glaube, neue Uneigennützigkeit, neues Mitleid an den Leiden des jeweils anderen, neue Liebe und Lauterkeit in der Familie."

Der katholische Geistliche nahm die ausgestreckte Hand an mit der Antwort: „Vergib uns unsere Schuld, wie auch wir vergeben unseren Schuldigern. Wenn doch nur diese Worte in all unseren Herzen Wurzeln schlagen würden. Wenn wir doch nur alle Bitterkeit und Hass verbannen und neu beginnen könnten, dann wäre ich mir sicher, dass unsere Kinder – Ihre und unsere – in Frieden und Brüderlichkeit miteinander leben werden."

Kiel war die erste deutsche Stadt, in die das Nagelkreuz als Versöhnungs- und Friedenszeichen von einer Delegation aus Coventry getragen wurde. In einem Zeitungsaufruf in den Kieler Nachrichten 1947 äußerte sich der Oberbürgermeister: „Die Zeit ist gekommen, endlich wieder Brücken zu schlagen zwischen den Völkern Europas und nach den abgrundtiefen Missverständnissen der jüngsten Vergangenheit wieder Wege der Verständigung zu suchen von Mensch zu Mensch. ... Wie wäre es, wenn wir uns zu einer Gesellschaft der Freunde Coventrys zusammenfinden, wenn die Namen der geschändeten Städte Kiel und

Coventry das Symbol würden für unser geistiges und moralisches Erwachen."

Coventry reagierte mit dem Besuch im September 1947 und dem Nagelkreuz für die Nikolai-Kirche. In einer seiner Reden betonte Howard die Notwenigkeit einer sich vertiefenden Freundschaft im geistlichen Sinne des Christentums, in der Fürbitte und in der praxisorientierten Seite des Christentum, dem notwendigen Wiederaufbau nach den unendlichen Kriegsverwüstungen.

Howards Nachfolger, Probst Williams, wurde bei seinem Nagelkreuzbesuch in Berlin gefragt: „Und wann ist Dresden dran?" Er nahm die Frage auf und brachte Ostern 1959 das Nagelkreuz dorthin. Daraus erwuchs eine bewundernswerte Zusammenarbeit. Menschen aus Coventry halfen beim Wiederaufbau des Diakonissenkrankenhauses in Dresden und Freiwillige der 1958 gegründeten Aktion Sühnezeichen / Friedensdienste arbeiteten in Coventry mit.

Die Versöhnungslitanei von Coventry – das Nagelkreuzgebet

1958 schrieb Canon Joseph Poole, der erste Precentor der neuen Kathedrale, die Versöhnungslitanei, ein Gebet, das um die Welt gehen sollte. In den sieben Bitten, angelehnt an die sieben Todsünden, ist das ganze Leben mit allen Möglichkeiten seines Versagens umfasst und damit der ganze Auftrag an uns Christenmenschen, für Versöhnung und Frieden zu leben, uns einzusetzen, allen Menschen die Würde zuzugestehen, die Gott ihnen geschenkt hat.

Alle haben gesündigt und ermangeln des Ruhmes, den sie bei Gott haben sollten (Röm 3,23).

Den Hass, der Rasse von Rasse trennt, Volk von Volk, Klasse von Klasse,

Vater, vergib,

Das Streben der Menschen und Völker zu besitzen, was nicht ihr Eigen ist,

Vater, vergib,

Die Besitzgier, die die Arbeit der Menschen ausnutzt und die Erde verwüstet,

Vater, vergib,

Unseren Neid auf das Wohlergehen und Glück der Anderen,

Vater, vergib,

Unsere mangelnde Teilnahme an der Not der Gefangenen, Heimatlosen und Flüchtlingen,

Vater, vergib,

Die Gier, die Frauen, Männer und Kinder entwürdigt und an Leib und Seele missbraucht,

Vater, vergib,

Den Hochmut, der uns verleitet, auf uns selbst zu vertrauen und nicht auf Gott,

Vater, vergib,

Seid untereinander freundlich, herzlich und vergebet einer dem anderen, wie Gott euch vergeben hat in Jesus Christus (Eph 4,32).

Amen.

Von Anfang an wurde die Versöhnungslitanei täglich um 12 Uhr in der neuen Kathedrale gebetet, außer freitags. Da wird sie bei Wind und Wetter in der Ruine der Kathedrale

mit Blick auf das angekohlte Holzkreuz und die lebens-
und friedenswichtige Bitte „Vater vergib" gebetet.

Jedes Nagelkreuzzentrum verpflichtet sich zu regelmä-
ßigen Nagelkreuzandachten, in denen die Versöhnungslitanei im Mittelpunkt steht, verbunden mit der Fürbitte für
andere Nagelkreuzzentren.

Die Nagelkreuzgemeinschaft

In den ersten Jahren nach dem Krieg wurde das Nagelkreuz
als Erinnerungsstück mitgebracht. Es sollte die Verbundenheit zwischen dem Empfänger und seinem Schicksal
und Coventry mit seinem Schicksal zum Ausdruck bringen
und Menschen, getragen vom Glauben an die Einheit von
Kreuzigung und Auferstehung Christi, auf den Weg von
Versöhnung und Frieden rufen.

Bei dem Besuch von Propst Williams in Berlin Ostern
1959 klang eine neue, weitgreifende Idee an. So beschreibt
er später diese Idee: „Dies war nicht nur das erste Nagelkreuz, das Berlin verliehen wurde, sondern auch das erste,
das in der Absicht überreicht wurde, ein Netzwerk christ-
licher Zentren zu schaffen, vereint durch den gemeinsamen Willen, die ,Wunden der Geschichte zu heilen'; eine
Absicht, die einige Jahre später zur Gründung der Nagelkreuzgemeinschaft führte."

Das Netzwerk erstreckte sich bald über alle Kontinen-
te. So wurde es notwendig, in Coventry für die Begleitung und Koordination der weltweiten Versöhnungs- und
Friedensarbeit von Nagelkreuzzentren einen Direktor des

Internationalen Versöhnungszentrums ins Amt zu rufen. Der in Deutschland bekannteste Direktor ist Canon Paul Oestreicher (1986–1998).

Über die Jahre bildeten sich nationale Nagelkreuzgemeinschaften, so auch 1991 in Deutschland, zusammengesetzt aus den schon vorhandenen Nagelkreuzzentren und Einzelpersonen.

Und so stellt sich die Ökumenische Nagelkreuzgemeinschaft in Deutschland in ihrem Flyer vor und benennt ihre Aufgaben geleitet von dem Wort Dietrich Bonhoeffers, „Christsein wird in Zukunft in Zweierlei bestehen: im Beten und im Tun des Gerechten":

Das Nagelkreuz von Coventry steht heute als Zeichen der Versöhnung und des Friedens an vielen Orten der Welt. Unter diesem Kreuz stellen sich Menschen der Aufgabe, Gegensätze zu überbrücken und nach neuen Wegen in eine gemeinsame Zukunft zu suchen.

Das Nagelkreuz fordert uns Deutsche immer wieder neu dazu heraus, mit unserer Vergangenheit und auch mit der spannungsreichen Gegenwart im Geiste der Wahrheit und der Versöhnung umzugehen.

Im ‚Geiste von Coventry' engagieren wir uns in unserer Arbeit für folgende Ziele:

Wir versuchen, gemäß unserer Lebensregel im Geist der Versöhnung zu beten und zu arbeiten.

Wir setzen uns dafür ein, in konkreten Situationen die ‚Feindesliebe' zu leben.

Wir fördern den Dialog zwischen Jungen und Alten, zwischen Eingesessenen und Fremden.

Wir suchen nach gewaltfreien Wegen der Konfliktlösung,
Wir stellen uns der deutschen Geschichte und arbeiten daran,
in der Gemeinschaft der Nationen Verständnis füreinander zu
gewinnen.
Wir bemühen uns insbesondere um das Miteinander von jun-
gen Menschen im gemeinsamen ‚Haus Europa' und fördern
das gegenseitige Kennenlernen im Zeichen des Nagelkreuzes.

„Gott hat unter uns aufgerichtet das Wort von der Versöhnung!" (2 Kor 5,19).

VOM FRIEDEN SINGEN

Matthias Stempfle

Von weit her kam dieses Lied zu dem Teenager auf der Kirchenbank. Es roch nach fernen Zeiten und nach Mittelalter. *„Verleih uns Frieden gnädiglich"*.[7] Das klang nach Krieg, den ich so nicht kannte. Und nach Hoffnung, die ihn überwindet. Jeden Sonntag, sofern meine Erinnerung nicht trügt, antwortete unsere Gemeinde mit diesem Lied auf den Segen.

In der Jugendarbeit sangen wir andere Lieder. Um 1990 herum war die Zeit der Friedenslieder bei uns passé, auch wenn sie noch in den Liederbüchern standen. Peinlich gestrig empfanden wir: *„Das weiche Wasser bricht den Stein"*. Langweilig: *„Sind so kleine Hände "*. Zu weltlich, zu idealistisch, zu politisch: *„Sag mir, wo die Blumen sind"*.

Wir sangen: *„Der Friede ist mehr als ein schöner Gedanke"*.[8] Und: *„Nicht jenes Warten, wenn die Waffen schweigen, (...) nicht der Friede dieser Welt"*.[9] Unser Friede war innerlich, geschah zwischen Gott und der Seele. Irdisch wurde er im

---

7 EG 421

8 „Friede mit euch", Wiedenester Jugendlieder Heft 1991, 39, 1. Strophe. Im Lied geht es allerdings schon darum, dass Christen Frieden in die Welt tragen und Gottes Friede die Welt verwandelt.

9 „Friede, Friede, Friede sei mit dir", Jesus unsere Freude 578, 1. Strophe.

Kleinen, in der Familie, unter Freunden, in der Schulklasse und in der Nachbarschaft. Vom großen Frieden träumten wir nicht, vielleicht, weil der Krieg so weit weg war.

Ja, wir sangen wie die Heiden in Jes 2 und Mi 4: *„Kommt und lasst uns zieh'n hinauf zum Berge unsres Herrn".* Und wir wussten: *„Und er wird uns seine Wahrheit lehr'n, und wir werden seine Wege gehn".*[10] Aber die Fortsetzung kannten wir nicht, dass dann Schwerter zu Pflugscharen geschmiedet werden und Völker nicht mehr lernen, wie man Krieg führt. Immerhin, in dem alten Spiritual klang etwas davon an: *„Ain't gonna study war no more".*[11]

Als ich später ins Brandenburgische zog, lernte ich Menschen kennen, die mir andere Lieder erschlossen. Wir sangen in der Osternacht: *„In deinen Toren werd' ich stehen, du freie Stadt Jerusalem",*[12] von gesprengten Kerkern, von offenen Grenzen und Gräbern, von der Wohnung Gottes bei den Menschen. Und fanden darin den Mut und die Geduld, uns beharrlich für die Flüchtlinge in der Stadt einzusetzen.

Eine Jugendliche brachte nach einem Schulpraktikum im Flüchtlingswohnheim drei junge Männer aus Nigeria mit in unseren Jugendbibelkreis. Das war schön und anstrengend. Und es veränderte unser Singen. *„Wo Menschen sich verbünden, den Hass überwinden, und neu beginnen, ganz neu, da berühren sich Himmel und Erde, dass Friede werde unter uns"*[13] – das klang auf einmal nicht mehr oberflächlich, sondern es wurde lebendig durch die gemeinsame Erfahrung.

---

10 „Kommt und lasst uns zieh'n", Musicbox 43.

11 „Down by the riverside".

12 „Ihr Mächtigen, ich will nicht singen", gemeinsam unterwegs 102.

13 Durch Hohes und Tiefes 332.

Stärker noch wirkte ein anderes Lied, das es zumindest in meiner jetzigen rheinischen Landeskirche in den Regionalteil des Evangelischen Gesangbuches geschafft hat: *„Unfriede herrscht auf der Erde"*.[14] Die erste Strophe klagt über Krieg und Streit unter den Völkern, über Unterdrückung und mundtot gemachte Menschen. Dann folgt der Refrain und verheißt Frieden, *„nicht so, wie ihn die Welt euch gibt, Gott selber wird es sein"*. In der zweiten Strophe richtet sich der Blick auf den Einzelnen; sie beklagt den Unfrieden im eigenen Herzen. Und wieder verheißt der Refrain Gottes Frieden. Die dritte Strophe richtet sich dann direkt an Gott: *„Lass uns in deiner Hand finden, was du für alle verheißen"* – eine Bitte, die der Refrain dann wieder mit seiner Verheißung beantwortet. In diesem Lied wurden die unterschiedlichen Lebenserfahrungen und -situationen, die in Gestalt unserer Gruppe an einem Tisch saßen, aufgenommen und miteinander auf den Frieden bezogen, den Gott schenkt.

Die Dimension der Hoffnung bringt noch stärker das Lied *„Ich glaube fest"* zum Ausdruck.[15] Viele Menschen leben ja kaum noch mit der Erwartung, dass man die Welt und ihre Verhältnisse substanziell verbessern kann, und haben eher den Eindruck, das Chaos würde zunehmen und früher oder später (wenn auch noch nicht jetzt) unser gewohntes Leben bedrohen. Aber dieses Lied aus El Salvador fürchtet sich nicht, sondern freut sich darauf, *„dass alles anders wird"* und dass *„bald im klaren Licht ein hoffnungsvol-*

---

14 EG (Rheinland / Westfalen / Lippe) 671.
15 Durch Hohes und Tiefes 103.

ler Tag anbricht", *"voll Frieden und Gerechtigkeit".* Die dritte Strophe spricht davon in biblischen Bildern: *"Gott macht die Menschen frei von Schmerzen und Geschrei, und alle Angst ist dann vorbei."* Die vierte Strophe lädt im Anschluss an Ps 98 ein: *"Ein neues Lied stimmt an",* und zwar *"ein Liebeslied, dass jeder singen kann",* denn: *"das Ziel ist nicht mehr weit, ich hoffe auf die Zeit voll Frieden und Gerechtigkeit".*

Auch hier ist der Friede eine Verheißung Gottes, nicht das Ergebnis menschlicher Bemühungen. Aber der Glaube an diese Verheißung wirkt zurück auf unser Leben. Die ewig gleiche alte Leier kann verstummen, ein neues Lied erklingt, und jeder kann es mitsingen.

Als Segensbitte kommt das kurze Lied *"Friede sei in diesem Hause"* daher.[16] Die erste Strophe bittet um Frieden für das nahe Umfeld, für Haus und Stadt. Die zweite Strophe weitet den Blick und bittet für unser Land und für alle Welt um den Frieden, der einerseits *"die Grenzen öffnet",* aber andererseits auch *"uns zusammenhält".* Die dritte Strophe nimmt *"uns und alle"* in den Blick. Sie spricht vom Frieden, *"den Gott selber bringt"* und bittet um Erfüllung dessen, was Gott schon verheißen hat: *"dass das ,Friede sei auf Erden' endlich überzeugend klingt."*

Ob hier wohl Bertold Brecht mit seinem Lied *"Friede auf unserer Erde"* Pate stand? Manche Formulierung klingt jedenfalls sehr ähnlich. Der von dem chilenischen Dichter Pablo Neruda inspirierte Text beginnt mit Gedanken, die an Jes 65,21.22 erinnern. Er wünscht *"Frieden auf unserem Feld, dass es auch immer gehöre dem, der es gut bestellt";* und

---

16 Jesus unsere Freude 729.

„Friede in unserer Stadt, dass sie den gut behause, der sie ge-
baut hat". So wird Friede in gut alttestamentlicher Tradition verknüpft mit Gerechtigkeit und der Abwesenheit
von Ausbeutung. Die folgenden Strophen nennen unterschiedliche und teils unversöhnliche Zielgruppen: *„Friede in unserem Hause"*, und *„im Haus nebenan"*. Friede auf
dem Roten Platz, in den USA, *„an Neiße und Ruhr"*, *„Friede
der Frau und dem Manne"*, *„dem Greis und dem Kind"*, *„der
See und dem Lande"*. Alle und alles will dieser Friede mit
einschließen. Auch wenn Gott in diesem Text keine Rolle spielt, sind Sprache und Bilder doch erkennbar biblisch
geprägt.

Eine völlig andere Perspektive nimmt der Gospel-Klas-
siker *„Peace in the valley"* von Thomas A. Dorsey ein, den
unter anderem Mahalia Jackson, Elvis Presley und Johnny
Cash aufgenommen haben. *„Ich bin müde und erschöpft"*,
klagt die erste Strophe, *„aber ich muss mich weiterschleppen,
bis der Herr mich abberuft"*. Ersehnt wird ein ganz jenseitig
und individuell verstandener Friede: *„Dann wird Friede im
Tal für mich sein. Keine Traurigkeit, kein Leid, kein Ärger mehr,
sondern Frieden im Tal für mich"*. Die zweite Strophe um-
schreibt die Verheißung des Schöpfungsfriedens aus Jes 11:
Bär und Wolf werden zahm sein, Löwe und Lamm neben-
einander liegen, ein kleines Kind kann die ganze Herde der
wilden Tiere führen. Pointe am Ende: *„Und ich werde verändert und neu geschaffen werden."*

In der Popularmusik kommt der Friede oft in Gestalt
von Antikriegsliedern daher Manchmal moralisierend
platt, sodass man mit dem Lied von Armin Juhre antwor-
ten möchte: *„Sing nicht so schnell dein Friedenslied, sing nicht*

so laut, so grell",[17] aber häufig auch mit erstaunlicher Tiefe. Billy Joel beschreibt in *„Goodnight Saigon"* Erfahrungen aus dem Vietnamkrieg. Mark Knopfler hat Texte verfasst, die auch das Täter-Sein und Schuldig-Werden mit in den Blick nehmen (*„The man's too strong"*).

Berühmt geworden ist aus seiner Feder die Dire-Straits-Hymne *„Brothers in Arms"*. Sie versucht sich an der Perspektive der einfachen Soldaten: entwurzelt, mit Sehnsucht nach den heimatlichen Tälern und Bauernhöfen, miteinander leidend und Kameradschaft erlebend. Text und musikalische Stimmung sind eher resigniert als anklagend: *„So viele verschiedene Welten. So viele verschiedene Sonnen. Wir haben nur eine Erde. Aber wir leben in verschiedenen Welten."* Und am Ende: *„Jeder Mensch muss sterben. Aber es steht im Sternenlicht geschrieben und in jeder Linie deiner Hand: Wir sind Idioten, dass wir Krieg führen"*.

„Suche Frieden und jage ihm nach": Vielleicht kann diese Jahreslosung auch eine Anregung sein, in unseren Gemeinden wieder mehr vom Frieden zu singen. Weite Teile der Christenheit haben nie damit aufgehört. Aber in manchen unserer Kreise ist der Horizont gerade in den Liedern sehr eng geworden, vielleicht auch immer schon gewesen.

Was wir singen, prägt unseren Glauben. Deshalb glaube ich, dass wir auch Friedenslieder brauchen. Vielleicht nicht so sehr Lieder, die Verhältnisse anklagen, an denen wir doch selber beteiligt sind. Aber Lieder, die uns anstiften, selber Frieden zu stiften. Und vor allem Lieder, die

---

17   Aus: „Sing nicht so schnell dein Glaubenslied", 4. Strophe, Erdentö-ne-Himmelsklang 120.

von der Hoffnung auf Gottes Frieden erzählen, der nicht nur jenseitig ist oder fromme Seelen erfüllt, sondern auch ganz handfest und diesseitig Menschen und Verhältnisse verändert. Es steht nirgends geschrieben, dass alles immer so bleiben muss, wie es jetzt ist, und dass sich nichts zum Guten ändern dürfte. Mag sein, dass unser bisschen Frieden immer schwach, zerbrechlich und angefochten bleibt. Aber er kann doch ein kleines Zeichen sein für das, was kommt, wenn Gott seinen Frieden bringt.

Ich möchte abschließend ein paar mehr oder weniger aktuelle Lieder vorstellen, die ich für gemeindetauglich halte und die zum Teil sogar richtig Spaß machen. Tonaufnahmen findet man mit ein bisschen Beharrlichkeit im Internet.

Verleih uns Frieden gnädiglich, freiTöne 190: Matthias Nagel hat zum Reformationssommer 2017 Luthers Klassiker mit einer neuen Melodie ausgestattet. Nicht ganz einfach, aber durchaus für eine durchschnittliche Gemeinde singbar, vor allem, wenn das Lied gut begleitet wird. Ich singe nach wie vor auch gern das Original. Aber auch diese Fassung kann zu Herzen gehen.

Peace Child / Friedenskind, freiTöne 175: Ein Weihnachts- oder auch Adventslied mit ansprechender und leicht zu lernender Melodie. Es besingt Jesus als Friedenskind, das bewusst auf die Erde kommt, gezielt dorthin, wo es wehtut, um den Traum von Gottes Schalom lebendig in die Welt zu bringen. Manchen mag das zu zurückhaltend formuliert sein, anderen wird sich nicht auf Anhieb die ganze Bedeutungspalette erschließen, die der Begriff „Schalom" in der Bibel einschließt. Trotzdem ein berührendes und Mut machendes Lied – und nebenbei einer der wenigen Fälle, wo zumindest mir die deutsche Übersetzung genauso gut gefällt wie der englische Originaltext.

Herr, mache mich zum Werkzeug deines Friedens, Liederbuch 152: Das bekannte Gebet mit einer leicht lernbaren, israelisch anmutenden Melodie. Die Textfassung spitzt sich in den letzten Zeilen ein bisschen zu: *„Denn nur, wer sich hingibt und wer sich selbst vergisst, der wird Leben finden, Herr, mein Gott, in dir."* Das führt zumindest in meinem Umfeld immer wieder zu interessanten Gesprächen über das Spannungsfeld von Hingabe, Selbstannahme und Selbstbehauptung.

Der Müden Kraft, Durch Hohes und Tiefes 85: Ein Kyrie-Gesang, der Mut macht. Jesus wird angesprochen als Helfer, Heiler, Friedensstifter: Kraft der Müden, Licht der Blinden, Ohr der Tauben, Lied der Stummen, Mut der Zweifler, Tanz der Lahmen, Herz der Kalten, Macht der Sanften, Kleid der Nackten, Brot der Armen, Glück der Sünder und vieles mehr. Dazwischen wechselt sich der Kyire-Ruf (Kyrie eleis / Herr, erbarme dich) ab mit dem Hoffnungs-Bekenntnis *„Das wird, das kommt. Ich weiß".* Ein hoffnungsstarkes Lied, das fröhlich macht.

Der Frieden gibt in den Höh'n / Ose schalom bimromav, Durch Hohes und Tiefes 372: Der Schluss des Kaddisch-Gebets aus der Jüdischen Tradition, mit israelischer Melodie und gut singbarem deutschen Text. Der erste Teil bittet um Frieden für uns, für ganz Israel und für alle Welt. Der zweite Teil sagt diesen Frieden zu: *„Frieden gibt er uns und seiner ganzen Welt."*

Until all are fed, freiTöne 182: Leider nur auf englisch und in den Strophen sprachlich ziemlich anspruchsvoll, aber mit sehr eingängiger Melodie. Ein Lied vom Teilen und Helfen und davon, wie halbherzig und unvollkommen unser Helfen oft ist. Trotzdem, so der Refrain, bleiben wir dran: *„Bis alle satt sind, rufen wir um Hilfe, bis alle auf der Welt Brot haben. Wie der eine, der jeden von uns liebt, dienen wir, bis alle satt sind."* Die letzte Strophe verbindet unser Helfen mit der Geschichte von der Speisung der 5.000, hier als „Teilungswunder" verstanden.

When I needed a neighbour: Dieses Lied ist schon ein bisschen älter (von 1962). Ich habe es aber in keinem deutschen Liederbuch gefunden und leider auch keine deutsche Fassung. Der englische Text und die Melodie finden sich leicht im Internet. Es nimmt das Gleichnis vom Endgericht in Mt 25 auf. Jesus stellt in Gestalt seiner geringsten Schwestern und Brüder Fragen an uns: *„Wart ihr da, als ich einen Nächsten brauchte, als ich hungrig und durstig war?"* Und der Refrain ergänzt: *„Es kommt nicht auf eure Herkunft, Konfession und euren Titel an. Wart ihr da?"* Spannend und wichtig ist die Wendung, die das Lied in der letzten Strophe nimmt. Ging es bis dahin um die Frage bzw. den Anspruch an uns, kommt jetzt das grundlegende Versprechen in den Blick: *„Wo immer ihr hingeht, werde ich da* *sein. Es kommt nicht auf eure Herkunft, Konfession und euren Titel an. Ich werde da sein.*"

Diese Stadt, Feiert Jesus 5, 110: Ein Lied ganz im Lobpreis-Stil, mit ungewöhnlichen Akzenten im Text. Zuerst geht der Blick nach außen: *„Diese Stadt, diese Straßen, diese Wege gehören dir. Diese Kirche, dieses Land, diese Menschen gehören dir."* Erst danach: *„Diese Hände, dieses Herz, dieses Leben gehört dir".* Und dann wird die Berufung der Christen so buchstabiert: *„Die Schwachen zu stärken, mit Armen zu teilen und Boten des Friedens zu sein. Verlorene suchen, die Wunden zu heilen und aufstehn für Wahrheit und Recht. Die Tränen zu trocknen und Freiheit verkünden für die, die im Dunkeln sind."* Die – für ein modernes Lobpreislied unverzichtbare – „Bridge" formuliert dann als Zukunftshoffnung: *„Wenn alle Völker vor dir stehn und alle Augen auf dich sehn, gehört die Ehre dir allein".* Auch wenn die Sprache der Bilder ein bisschen auseinandergeht, wird so doch unser Handeln in den Horizont der Zukunft gestellt, die Gott bringt.

„Suche Frieden und jage ihm nach". Gute Friedenslieder können uns motivieren und Mut machen. Gute Friedenslieder können die Hoffnung neu vor Augen malen, wenn der Friedensstifter-Alltag zäh und schwierig ist und wir an unsere Grenzen stoßen. Unser Friede ist ärmlich, zwiespältig, halbherzig, ohnmächtig. Aber uns umfängt der Friede Gottes, der höher ist als alle Vernunft. Davon lohnt es sich zu singen!

146

Verwendete Liederbücher

- Durch Hohes und Tiefes. Gesangbuch der Evangelischen Studierendengemeinden in Deutschland, 2008.
- Erdentöne – Himmelsklang. Neue geistliche Lieder. Schwabenverlag / Diözese Rottenburg-Stuttgart, 2005.
- Evangelisches Gesangbuch. Ausgabe für die Evangelische Kirche im Rheinland, die Evangelische Kirche von Westfalen, die Lippische Landeskirche.
- Feiert Jesus 5. SCM Hänssler 2017.
- freiTöne. Liederbuch zum Reformationssommer 2017.
- Jesus unsere Freude. Gemeinschaftsliederbuch. Evangelischer Gnadauer Gemeinschaftsverband e.V. 1995.
- gemeinsam unterwegs. Lieder und Texte zur Ökumene (Ökumenischer Kirchentag Berlin 2003).
- Musicbox. Songs, die man erleben kann. Evangelisches Jugendwerk in Württemberg, 3. Auflage 1990.
- Wiedennester Jugendlieder Heft 1991, Missionshaus Bibelschule Wiedenest.

Entwürfe für die Arbeit mit Gruppen

PEACE TRAIN

Michael Freitag-Parey

„Frieden ist nicht der Bahnhof, in dem wir ankommen",
sagt Eamon Rafter, Studienkoordinator am Glencree Zentrum für Frieden und Versöhnung in Irland, „Frieden ist der
Zug, in den wir einsteigen." Frieden, das ist ein Prozess des
Zusammenlebens und der Verständigung – wir verlieren
ihn an jedem Tag, an dem wir Menschen aus dem Weg gehen, sie übersehen und nicht wahrnehmen; wir bauen ihn
jeden Tag neu, wo Begegnung zwischen Fremden gelingt.

Geschichte des Peace Train

Mit dem Internationalen Jugendprojekt „Peace Train"
springen wir genau auf diesen Zug auf, von dem Eamon
Rafter spricht. Veranstalter ist der Kirchenkreis Bremervör-
de-Zeven, der 2014 mit der finanziellen Unterstützung der
Landeskirche Hannover, in einem Pilotprojekt die Stelle
eines Friedenspädagogen schuf, um im Kirchenkreis und
an der Gedenkstätte Lager Sandbostel eine kirchliche Frie-
dens- und Gedenkstättenarbeit zu initiieren. Ausgangs-
punkt des Peace-Train-Projektes ist immer die Gedenkstätte Lager Sandbostel und dessen Geschichte als ehemaliges

Kriegsgefangenen- und KZ-Auffanglager Stalag XB.[18] Das Peace-Train-Projekt nutzt die internationalen Kontakte der Gedenkstätte. So geschehen 2015 und 2017, als das Projekt in Polen und Großbritannien zu Gast war. Oder aber 2019, wenn der Peace Train in den Norden Frankreichs fahren wird. Die Teilnehmenden aus Deutschland und Frankreich werden auch in diesem Jahr zunächst zwei Tage vor Ort in Sandbostel verbringen, um der Geschichte des Ortes nachzugehen und sind dann 15 Tage unterwegs von Sandbostel aus mit dem Ziel Normandie. Auf dem Weg zurück kommt der Peace Train durch das Landesinnere, macht Station in Paris und kehrt dann nach Sandbostel zurück. Die Halteorte des Peace Train liegen zum Teil im Vorfeld schon fest. Andere Orte kommen während der Fahrt dazu oder Aufenthalte werden verlängert.

Der eigentliche Impulsgeber für das internationale Jugendprojekt Peace Train ist jedoch Wiktor Listopadzki (97). Er geriet nach der Zerschlagung des Warschauer Aufstandes 1944 in deutsche Gefangenschaft und kam so in das Kriegsgefangenenlager Stalag XB nach Sandbostel in der Nähe von Bremen. Ich traf Wiktor Listopadzki 2014 anlässlich der Gedenkfeierlichkeiten zum Jahrestag der Befreiung des Stalag XB in Sandbostel. In einem Zeitzeugeninterview wurde der polnische Katholik und Freiheitskämpfer der Armia Krajowa (der polnischen Heimatarmee, einer militärischen Widerstandsaktion) von einer Schülerin der 12. Klasse gefragt, was zu tun sei, um den

---

18 Nähere Informationen zum Lager Sandbostel und seinen Angeboten sind im Internet unter www.stiftung-lager-sandbostel.de erhältlich.

Frieden zu stärken. Seine erste Antwort darauf war kurz: Mut zur Begegnung, Möglichkeiten der Begegnung schaffen und Begegnung leben (und vorleben). „Vielleicht fragst du mich gleich auch noch, wie das gehen soll!? Ich antworte ungefragt. Mein Buchtipp ist das Evangelium. Es ist ein Praxishandbuch. Hier begegnest du Gott, der seinen Sohn schickt und ihn beauftragt: Geh zu den Menschen. Suche die Begegnung mit ihnen."

Ein halbes Jahr später, im Januar 2015, besuchte ich Wiktor Listopadzki in Warschau im Rahmen der Vorbereitungen für den ersten Peace Train. Es wurde eine berührende Begegnung. Ich war tief beeindruckt von der Art und Weise, wie Familie Listopadzki mich, den Deutschen, aufnahm. Wiederum ein halbes Jahr später machte der Peace Train Station in Warschau.

Konzeptionelle Gedanken zum Peace Train

Der Peace Train nimmt sich die Erfahrungen der ersten neutestamentlichen Gemeinden zu Hilfe und seine Initiatoren entschieden sich in der konzeptionellen Phase bewusst dafür, sich mit einer kleinen Gruppe, einer kleinen Gemeinde, in den Zug zu setzen und sich auf den Weg zu machen. Letztlich sind es drei Gemeinden, drei Zellen, die miteinander unterwegs sind. Das Peace-Train-Konzept sieht vor, mit nicht mehr und nicht weniger als drei Kleinbussen (9-Sitzer) unterwegs zu sein. Eine klare Entscheidung gegen einen Reisebus, der immer auch etwas von Massentourismus ausstrahlt.

Peace Train will jedoch die Begegnung mit den Menschen und das geht im kleinen Rahmen besser als es in einer großen Reisegruppe der Fall wäre. Auch in der Auswahl der Unterkünfte legt das Konzept Wert auf eher kleine, einfache Übernachtungsmöglichkeiten abseits des Weges. So werden Kirchengemeinden an favorisierten Wegstrecken im Vorfeld nach einer Unterkunftsmöglichkeit angefragt. Dabei wird jedoch nicht nur nach einer Unterkunft für ein oder zwei Nächte gefragt, sondern darüber hinaus auch nach der Möglichkeit, Leute jeglichen Alters aus der Gemeinde zu treffen und miteinander ins Gespräch und in Aktion zu kommen. Das ist zutiefst jesuanisch. Wir denken dabei an die vielen Begegnungen, die Jesus mit ganz unterschiedlichen Menschen seiner Zeit hatte. Jesus hat uns mit Zachäus und vielen anderen Begegnungen seine Prioritäten vorgelebt und seinen Auftrag, so wie Listopadzki es formuliert hat, somit eins zu eins umgesetzt. Er war auf den Straßen zu finden, ging in die Häuser, lud sich ein, konnte konzentriert und ausdauernd zuhören, traf alle möglichen Typen und fand sich selber auch schnell in einer kleinen Gruppe, einer Keimzelle, wieder. Den Großteil seiner Zeit verbrachte er genau hier. Mitten im Leben. Tag und Nacht. Zusammen mit den Jüngerinnen und Jüngern. Drei Jahre lang. Und weitere Leute kamen dazu, die ihn zeitlich begrenzt begleiteten. Die kleine Gemeinde war sein Zuhause. Eine intensive Form der Jüngerschaft. Genau dafür hatten wir uns auch beim Peace Train entschieden und waren uns der Schwierigkeiten, aber auch der wunderbaren Möglichkeiten von Kleingruppen bewusst. Die Kleingruppe hat uns überzeugt. Gemeinsam Mahlzeiten zubereiten, essen und feiern. Rituale entdecken und leben. Lachen. Staunen. Streiten. Leidenschaftlich differenzieren. Sich nicht aus dem Weg gehen können. Kompromisse finden. Aushalten. Innehalten. Theologisieren. Programm planen. Andachten feiern. Singen, füreinander beten. Sich schätzen lernen. Einüben von Solidarität und Verantwortung. Und immer ist irgendwer da, die oder den man gewinnen kann, etwas gemeinsam zu tun (oder zu lassen). Es sind die großen Festivals und Events, die die Jugendlichen und jungen Erwachsenen magisch anziehen, und die wichtig sind. Aber es sind die Kleingruppen, die kleinen Zellen, die sie benötigen, um sich zu erden und Orientierung zu finden. Hier können sie ihre Identität ausloten. So gut wie jede Erweckungs- und Erneuerungsbewegung der Kirchengeschichte hat die Kraft und Leidenschaft der kleinen Gruppe wieder genutzt. Im Alltag erleben die Jugendlichen und jungen Erwachsenen in vielen Bereichen eine Tendenz zu größeren Einheiten. Und die Werbung suggeriert flankierend: „big is beautiful". Dasselbe gilt in kirchlichen Prozessen. Kirchengemeinden werden – durchaus aus nachvollziehbaren, ökonomischen Gründen – zu Regionen zusammengeschlossen. Und in vielen Kirchengemeinden findet man kaum noch kontinuierliche Angebote in der Arbeit mit Kindern und in der Jugendarbeit. Beziehungsräume brechen weg. Die Antwort lautet vielerorts: Projekt- und Eventangebote. Auch das ist mit Blick auf die gemeindlichen Situationen nachvollziehbar und dennoch müssen in dieser Strukturveränderung parallel und damit verschränkt auch lokale und personale

155

Netzwerkstrukturen der Nähe entwickelt und gefördert werden. Netzwerke bauen auf Gemeinschaft, Relevanz, Resonanz. Menschen sprechen auf diese Netzwerke an, lassen sich ansprechen, weil man sie hier beteiligt, ihnen Verantwortung und Wertschätzung schenkt. Es gibt eine Nähe zu einem gemeinsamen Auftrag, einem gemeinsamen Ziel. Abläufe und Strukturen sind transparent. Alles das trifft oft genug für die Kirchengemeinde nicht zu.

Verkündigung auf Reisen

Das Projekt Peace Train setzt auch bei der Verkündigung auf Begegnung. In dieser Projektarbeit kommen die Menschen und Orte, ihre Geschichte und ihr Glaube, von der und dem sie erzählen, zu Gehör und ins Gespräch.

So sind es die Orte, an denen wir zu Gast sind, und die Menschen, die wir vor Ort treffen, die die Impulse setzen. Häufig kommen unvorhersehbare, weitere Impulse dazu. Und oft genug sind es genau diese Begegnungen, die im Nachhinein die stärkste Wirkung haben.

Im Sommer 2015 entschieden wir uns für das Thema „Widerstand und widerstehen". Dieses Thema macht sich fest an den Erfahrungen des ehemaligen Kriegsgefangenen Wiktor Listopadzki. Zudem entschlossen wir uns 2015 zur Betrachtung von Bonhoeffers Arbeit im Widerstand, der in Polen nach wie vor eine hohe Anerkennung genießt. Als dritten Schritt zu diesem Thema richteten wir den Blick auf uns und die aktuelle politische Situation in Deutschland und Polen und fragten uns, was unser Beitrag zu einem besseren Miteinander zwischen unseren Ländern bzw. in unserem eigenen Umfeld sein könnte.

2017 entschieden wir uns für Begegnungen zum Thema „frei!?" in Großbritannien. Der Hintergrund für das Thema war die Befreiung des Stalag XB durch die Britische Armee am 29. April 1945. In Großbritannien trafen wir unter anderem auf ehemalige Ärzte und Soldaten (beziehungsweise deren Familien), die das Lager in Sandbostel befreit hatten. Zudem nahmen wir im Lutherjahr unter anderem dessen Schrift „Von der Freiheit eines Christenmenschen" in den Blick und betrachteten die Auswirkungen von Luthers Handeln in Schottland und England.

Begegnungen unterwegs

Einige Geschichten von Begegnungen zeigen exemplarisch den Wert eines internationalen Jugendprojekts.

Comrie, Schottland

In Comrie stießen wir erstmalig auf das Thema Gastfreundschaft. Wir waren zu Besuch in einer Kirchengemeinde der Church of Scotland. Die Kirchengemeinde verfügte über zwei große Gemeinderäume. In einem der Räume waren die Teilnehmerinnen untergebracht. Der andere Raum war für die gemeinsamen Mahlzeiten reserviert. Die männlichen Teilnehmer und Teamer schliefen im Altarraum der Kirche. Graham McWilliams, der Pastor der Gemeinde, musste unser Fragezeichen im Gesicht wahrgenommen haben und entgegnete uns umgehend und mit einem einladenden Lächeln: „This church is not a museum. It is a place for people to live in." Hier lagen wir also des nachts auf Isomatten in unseren Schlafsäcken und das erste, was wir am Morgen sahen, war das Kreuz. Ein fröhliches Kreuz von Kinderhand bemalt. Neben diesem „Schlafraum" in der Kirche, fand sich hier ebenso eine großzügige Küche, eine Teeküche, Badezimmer und auch das Büro und Besucherzimmer des Pastors.

Von der ersten Minute an spürten wir: Wir sind hier willkommen. Eine Dame aus dem Küchenteam der Gemeinde, Elaine, die uns mit zwei weiteren Damen in den Tagen in Comrie verpflegte, ließ daran keinen Zweifel: „This is home away from home". Die Mahlzeiten waren fantastisch: Vorspeise, Hauptspeise. Die Küche ließ nichts aus. Auch nicht die Nachspeise. Immer fand sich ein Dessertlöffel oder eine Kuchengabel oberhalb des großen Tellers, den wir glücklich wahrnahmen, als wir den Essraum betraten. Welch eine Verheißung. Die Botschaft lautete: Es gab noch mehr. Da wir für den ersten Stopp des Peace Train in Großbritannien von Anfang an ein paar Tage zum Ankommen und Eingewöhnen eingeplant hatten, genossen wir diese ersten Tage in Schottland besonders. Immer wieder kamen wir in dieser Zeit auf das Thema Gastfreundschaft zu sprechen und interfragten uns, unser Tun und Lassen und unsere Gesellschaft dabei kritisch. Gerade auch auf dem Hintergrund der großen Flüchtlingswelle, die uns 2015 erreicht hatte. Was tun wir damit sich Menschen auf der Flucht, die in unser Land kommen, hier willkommen und wohl fühlen können? Was tragen wir zur Integration dieser Menschen bei? Was sind wir bereit zu

geben, mit ihnen zu teilen? Öffnen wir unsere Gemeinde-
häuser und Kirchen? Bieten wir ihnen Begegnungsmög-
lichkeiten? Wie reden wir mit ihnen? Manch einen von uns
ließen diese Fragen nachdenklich zurück.

Kurz vor Schluss unseres ersten Aufenthalts kamen wir
noch einmal mit Pastor Graham McWilliams zusammen.
Er erzählte aus seinem Gemeindealltag, von den Schwierigkeiten der Church of Scotland, die Menschen in ihren
ganz unterschiedlichen Situationen und den vielen Mi-
lieus zu erreichen. Kopfschüttelnd erzählte er vom Gel-
tungsverlust der Kirche. Er fragte: „Sind wir überhaupt
für Menschen wichtig, die keinen Zugang zum Glauben
haben?" und stellte für sich fest: „Ich kenne die meisten
Menschen, die Indifferenten, außerhalb meiner Kirchengemeinde nicht persönlich. Kennen wir sie so, dass wir
sie hinreichend verstehen?" Und dann erzählte er von einer Begegnung, die seine Gemeindearbeit auf den Kopf
gestellt hatte. Für das Weihnachtsfest 2014 hatten sie im
Kirchenvorstand beschlossen, auf die Hilfebedürftigen,
also jene, von denen man weiß, dass sie Hilfe brauchen,
zuzugehen und ihnen ein besonderes Geschenk zukom-
men zu lassen. Ein Weihnachtsmenü. Ein Truthahnessen.
Ganz traditionell. Alles, was es dazu bedurfte, waren ein
Herd und ein Ofen. Nach Weihnachten bedankten sich
einige der Beschenkten bei McWilliams, und der Pastor
war froh, dass das Geschenk so gut angenommen wurde
und für Freude sorgte. Dann erzählte er jedoch von einer
Begegnung mit einer bedürftigen Familie in der Stadt. Er
erkannte sie und sprach sie an, ob ihnen das Weihnachts-
essen geschmeckt hätte. Der Vater der Familie wich der

Frage aus und so nahm McWilliams einen zweiten Anlauf, um eine Antwort auf seine Frage zu bekommen. Schließlich antworteten die Kinder anstatt der Eltern: „Wir haben keinen Herd und auch keinen Ofen. Wir konnten das zu Hause gar nicht essen." Graham McWilliams fand keine Worte, die für eine Antwort gereicht hätten. Die Familie ging weiter. Die Kinder sahen sich beim Weitergehen zu ihm um. „Ich habe geweint und könnte heute noch weinen über meine Naivität, mit der ich seinerzeit unterwegs war", sagte er und an Gestik und Mimik war abzulesen, dass er diese Situation noch ganz klar vor Augen hatte. „Zum nächsten Weihnachtsfest haben wir dann zum Essen in die Kirche eingeladen und es denen warm und fertig an die Haustür gebracht, die nicht in die Kirche kommen wollten oder konnten. Auch meine Familie und ich haben Weihnachten gemeinsam mit diesen Menschen und anderen Gemeindegliedern in der Kirche gefeiert. Neben dieser Aktion haben sich bis heute weitere Unterstützungen und Hilfsangebote für diese Menschen dazugesellt. Gott," so McWilliams, „hat mich durch die Kinder in dieser Situation direkt angesprochen." Er sagte: „Put your faith into action. Social action. Right now." Das habe man seither in der Kirchengemeinde versucht, umzusetzen. Auch diese Begegnung blieb innerhalb der Reisegruppe nicht ohne Resonanz. Welche Auswirkungen hat mein Glaube? Wozu befähigt mich mein Glaube? Wie kann ich meine Freiheit genießen, während andere tagtäglich um ein wenig Freiheit kämpfen? Welche Verantwortung habe ich als jemand, der Jesus nachfolgt?

London

Holy Aylett schrieb gemeinsam mit ihrem Vater ein Buch über dessen Erlebnisse im Zweiten Weltkrieg: „Surgeon at War". Zwei besondere Kapitel geben Auskunft über seine Arbeit als Chirurg in Kriegszeiten. Das Kapitel zu seiner Zeit im Mai 1945 in Sandbostel und das Kapitel über die Schlacht von Dünkirchen im Jahre 1940. Der Regisseur Christopher Nolan brachte diese Schlacht als Film unter dem Titel „Dunkirk" 2017 in die Kinos. Geschichten und Fakten für die Erarbeitung des Filmes nahm er unter anderem aus dem Buch von Stanley und Holly Aylett. Mit der Tochter sprachen wir über ihren Vater und die Auswirkungen, die diese Erfahrung auf ihr eigenes Leben hatte. Holly Aylett ist Autorin und Filmemacherin und – darauf legt sie Wert – Friedensaktivistin. Sie sieht sich als Privilegierte. „Ich bin frei! Aber ich weiß, dass meine Freiheit andere unfrei macht. Ich will von meiner Freiheit abgeben damit auch andere frei oder freier werden können. Stichwort: Europa und die Geflüchteten aus aller Welt. Also, was ist deine und meine Verantwortung? Finde es heraus!" Und noch etwas gab Sie, die Atheistin, uns mit auf den Weg: „Werdet um Gottes Willen wieder politischer. Mischt euch ein. Lasst euch nichts vormachen. Differenziert leidenschaftlich, bevor ihr euch eine Meinung macht. Wir haben das 2016 bei der Entscheidung in Sachen Brexit versäumt." Auch das war eine Frage, die uns nachfolgend bewegte: Muss evangelische Jugendarbeit politischer werden? „Tut euch zusammen mit anderen Institutionen, Jugendverbänden, Netzwerken. National und international. Wir brauchen ein Bollwerk gegen rechts." Als jemand aus der Runde sagte: „Richtig. Wehret den Anfängen!", sagte Holly Aylett: „Die Anfänge, mein Lieber, haben wir allesamt schon verpasst. Es tut mir leid, das so hart zu sagen." Und dann sagte sie diesen Satz, den wir auch schon in Comrie von McWilliams gehört hatten: „Put your faith into action!"

#PEACEHUNTING – GEDANKEN ZUR FRIEDENSJAGD

Stundenentwurf für Jugendliche

Sabine Herwig

Suche Frieden und jage ihm nach! – dieser Satz irritiert mich. In einem Satz stehen da das große, wichtige Wort „Frieden" und das Wort „jagen", das ich mit Gewalt, Beute und letztlich mit dem Tod des Gejagten verbinde. Wenn ein Gepard eine Gazelle jagt, dann ist da kein Frieden. Sondern ein Kampf um Leben und Tod.

Und gerade deshalb bleibt mir dieses starke Bild auch hängen: Jage dem Frieden nach! Das Bild hat Kraft. Denn ein Jäger ist fokussiert. Der Gepard hat kein anderes Ziel, als die Gazelle zu erwischen. Nichts Anderes zählt. Aber jagen ist keine Angelegenheit, die nur mit enormer Geschwindigkeit zu tun hat. Auch das Auflauern, das Warten und Ausharren spielen eine große Rolle. Wenn wir uns einen Jäger im Hochsitz vorstellen, wird er die meiste Zeit einfach still dasitzen und den richtigen Moment abwarten. Und doch: Er chattet nicht nebenher mit seinen Kollegen und liest nicht die Tageszeitung. Er ist fokussiert und konzentriert und macht kein einziges Geräusch, um kein Tier zu verschrecken. Ehrlich gesagt: Ich bin nicht geeignet für die Jagd, denn ich kann mich nicht mit dem Gedanken anfreunden, auf Tiere zu schießen. Aber ich verstehe, dass Jagen bedeutet, ein klares Ziel im Fokus zu haben und alles dafür zu tun, das zu erbeuten.

Die Jahreslosung stammt ja auch nicht vom Vorsitzenden des Tierschutzverbandes oder von einem Priester Israels, sondern von einem Krieger. Ps 34 wird David zugeschrieben, der in seinem Leben so manche Schlacht geschlagen hat. Er weiß, wovon er redet: Bei aller Gewalt, die ihm widerfahren ist, die er aber auch verursacht hat, gilt er dennoch als großer König mit diplomatischen Fähigkeiten, der seine Ziele mit Geduld und Zähigkeit verfolgte.[19] So kann ich mich dem Bild im Psalm nähern. David spricht davon, sich auf den Frieden zu fokussieren, alles andere auszublenden und alles dafür zu geben, das Ziel zu erreichen. Das geschieht aus der Erfahrung heraus, dass Gott ihn aus seinem Elend errettet hat. Weil er Gottes Güte und Rettung erlebt hat, jagt er selbst dem Frieden nach.

Zum Stundenentwurf

Die Jugendlichen sollen sich in diesem Stundenentwurf mit den Gedanken aus Ps 34 auseinandersetzen. Haben sie Gottes Rettung erlebt? Was hat Gott ihnen Gutes getan? Wo haben sie geschmeckt und gespürt, wie freundlich Gott ist? Das Herzstück dieses Stundenentwurfs ist es,

---

19 Vgl. Martin Metzger: Grundriss der Geschichte Israels, Neukirchen-Vluyn 2004, S. 87.

selbst aktiv zu werden: Wie können die Jugendlichen in ihrem Lebensumfeld dem Frieden nachjagen?

Der Stundenentwurf ist nach dem Bausteinprinzip angelegt. Entweder können einige Elemente ausgewählt und andere weggelassen werden, oder es können auch zwei Gruppenstunden geplant erden. Die Zeiten sind Richtwerte. Jeder kann sie nach eigener Einschätzung anpassen.

Einstieg (20 Minuten)

„Stellt euch vor, ihr sollt einen Film drehen mit dem Titel ‚Peacehunter' (bzw. auf Deutsch: ‚Friedensjäger'). Was könnte das für eine Story sein?" Die Jugendlichen haben zehn Minuten Zeit, sich mit drei bis fünf Personen kurz eine Geschichte zu dem Titel zu überlegen. Diese muss keine biblischen Anknüpfungspunkte haben. In der großen Runde stellt jede Gruppe kurz ihre Story vor.

Biblische Anknüpfung, Input (5 Minuten)

„Suche Frieden und jage ihm nach. Das ist ein Satz aus der Bibel, der uns in diesem Jahr begleitet. Seltsam, dem Frieden nachzujagen, oder? Schon, als ihr euch Gedanken zu einem Film mit dem Titel gemacht habt, ist euch das vielleicht fremdartig vorgekommen. Aber der Peacehunter, um den es hier geht, ist kein Friedensnobelpreisträger. Sondern ein Krieger. Derjenige, der den Riesen Goliath besiegt hat, hat das gesagt. Also jemand, der schon so manche Schlacht geschlagen hat. Der selbst bedroht wurde und der andere bedroht und auch getötet hat. Der zum König über Israel geworden ist. Wahrscheinlich habt ihr alle schon von ihm gehört. Sein Name ist David. Und dieser große König, der Krieger, der den riesigen Goliath plattgemacht hat, der sagt jetzt, wir sollen dem Frieden nachjagen. Vielleicht sagt er das genau so, wie es eben ein Krieger sagen würde. Er sagt nicht: ‚Wartet auf den Frieden' oder ‚Bete für Frieden', nein, das ist nicht genug. Dem Frieden nachjagen sollen die Menschen. Das klingt nach aktivem Losgehen und dem Hinarbeiten auf ein großes Ziel. Frieden. Das klingt auch anstrengend und herausfordernd. Und vielleicht weiß keiner besser als David, dass das auch anstrengend ist. Dass wir Rückschläge hinnehmen müssen, aber nicht aufgeben dürfen. Dass wir kämpferisch, aber dennoch ohne Gewalt für den Frieden einstehen können, weil wir selbst den Frieden Gottes erlebt haben.

Frieden finden – wo genau? (30 Minuten)

Alle Jugendlichen erhalten je ein Blatt, auf dem in der Mitte groß „Frieden" steht. Sie haben 15-20 Minuten Zeit aufzuschreiben, was Frieden für sie bedeutet und wo sie Frieden in ihrem Leben haben und wie sie persönlich ihm nachjagen können. Natürlich dürfen sie auch notieren, wo sie das vermissen und sich wünschen. Die Gedanken können im Anschluss in Kleingruppen ausgetauscht werden. Niemand muss erzählen, was er aufgeschrieben hat. Aber eine Bereicherung ist festzuhalten, wo sich jede und jeder persönlich für Frieden im eigenen Umfeld einsetzen kann.

Aktion: Peacehunting (mindestens 60 Minuten)

Die Jugendlichen werden aktiv! Auf Englisch heißt Schnitzeljagd Treasure Hunting. Daraus machen wir mit der Jahreslosung Peacehunting. Eine Art Schnitzeljagd mit Interaktion zur Außenwelt.

Vielleicht gibt es in der Nähe ja auch einen ganz besonderen Ort des Friedens oder einen Ort, an dem etwas Wichtiges passiert ist. Dann bietet sich solch ein Ort natürlich auch für eigene Aufgaben an.

Vorbereitung

Die Jugendlichen werden in Kleingruppen von drei bis fünf Personen aufgeteilt. Bevor es rausgeht, sollten die Mitarbeitenden noch einmal darauf hinweisen, dass die Gruppe zusammenbleiben soll und wann und wo sich alle zum Abschluss treffen. Ob in den Gruppen auch Mitarbeitende dabei sind, muss das Mitarbeiterteam entscheiden. Das hängt vom Alter der Jugendlichen, von der Uhrzeit und davon ab, wo die Jugendlichen hingeschickt werden.

Jede Gruppe bekommt einen Aufgabenzettel zum Peacehunting. Es geht nicht darum, alles so schnell wie möglich zu schaffen, sondern über den eigenen Schatten zu springen und den Menschen im eigenen Umfeld zu begegnen.

Wenn die Jugendlichen mehr Zeit draußen haben sollen, kann Aufgabe 1 auch schon im Mitarbeiterteam vorbereitet und als Set mitgegeben werden.

Für Aufgabe 7 (Menschen entdecken) müssen im Vorfeld Menschen angefragt werden, die eine interessante Geschichte zum Thema zu erzählen haben. Ein Polizist?

Ein Mensch, der aus einem anderen Land geflohen ist?
Ein Obdachloser? Eine Rechtsanwältin? Ein Gemeinde-
mitglied mit einer besonderen Geschichte? Jemand, der
bei einer Friedensdemo mitgemacht hat? – Im Mitarbeiterteam kann man gut gemeinsam überlegen, wer infrage kommt. Es können auch mehrere Menschen angefragt werden, sodass jede Gruppe eine andere Geschichte
hört.

Material
- Pro Gruppe einen Aufgabenzettel.
- Karten mit Bibelversen und ermutigenden Gedanken
  (zum Beispiel *Kostbarkarten* vom Neukirchener Verlag)
- Pro Gruppe 10 Blumen oder kleine Süßigkeiten
- Geschenkband
- Pro Gruppe eine große weiße Pappe und eine Schere
- Filzstifte oder Edding
- Straßenkreide
- Pro Gruppe ein Smartphone, ggf. mit Instagram, Snap-
  chat o.Ä., alternativ: Fotoapparat

Die Aufgaben: Peacehunting
1. Hier ist euer **Starterset**. Bastelt aus dem Pappbogen
   eine Friedenstaube. Bindet an jede Blume / Süßigkeit
   eine Karte mit einem Spruch, der euch gut gefällt.
2. Jetzt geht's aber raus! Ab hier könnt ihr die Reihenfolge der Aufgaben selbst festlegen. Ihr könnt eure Han-
   dys benutzen, um euer Peacehunting zu dokumentie-
   ren. Teilt eure besten Bilder auf Instagram, Snapchat
   & Co., **#peacehunting**. ACHTUNG! Beachtet dabei

unbedingt die Persönlichkeitsrechte der Menschen, die ihr fotografiert! (Ihr wisst ja: Fotografiert nur Personen, die damit einverstanden sind, dass ihre Bilder verwendet werden dürfen.)

3. **Interview**

Fragt die Leute auf der Straße: Was bedeutet Ihnen Frieden? Was ist Ihre Friedensbotschaft? Bittet die Menschen, das in Stichpunkten auf der Friedenstaube festzuhalten.

Eure Taube sieht zu Beginn noch so leer aus? – ihr dürft auch eure eigenen Gedanken darauf schreiben.

Euch fällt es schwer, Menschen anzusprechen? Traut euch! Und wenn ein paar hintereinander einfach weitergehen: Bleibt höflich und freundlich, aber lasst euch nicht entmutigen. Schließlich jagt ihr dem Frieden nach.

4. **Danke sagen**

Gebt den Leuten, die etwas auf eure Taube geschrieben haben, als Dankeschön eine Blume / Süßigkeit mit dem Spruch.

5 **Sucht einen Ort des Friedens**

Ein schöner Baum? Eine Kirche? Euer Lieblingsplatz, um Freunde zu treffen? Wo in eurer Nähe findet ihr einen Ort des Friedens? Macht ein Foto, ladet es unter #peacehunting auf Instagram und / oder Snapchat hoch.

6. **Frieden kreativ**

Sucht euch eine gut geeignete Stelle, um mit Straßenkreide den Bibelvers kreativ aufzumalen. Vielleicht eignet sich der Kirchplatz oder die Fußgängerzone, der Parkplatz vor der Schule oder der Bürgersteig vor eurer Wohnung? Auch hier: Gerne ein Foto!

7. **Menschen entdecken**

   Wir haben für euch einen interessanten Menschen gefunden, der euch seine besondere Geschichte erzählen möchte. Ihr findet ihn hier: (Adresse oder Ortsbeschreibung angeben). Überlegt kurz: Was hat euch an der Geschichte beeindruckt? – Schreibt es hier kurz auf.

8. **Abschluss um xx Uhr (mit Ortsangabe)**

Abschluss: Friedensgebet (20 Minuten)
Material: Teelichter, Teelichtgläser, Feuerzeug, Kreuz, eine große Kerze, gegebenenfalls ein gestaltetes Schild mit dem Titel „Friedensgebet".

Zur vorher verabredeten Uhrzeit treffen sich alle an einem besonderen Ort. Das kann natürlich auch das Gemeindehaus oder die Kirche sein. Vielleicht aber auch ein ganz anderer Ort: auf dem Kirchplatz oder im Park, im Wendehammer oder unter einer Brücke.

Dieser Ort soll so vorbereitet werden, dass er zum Innehalten einlädt. Ein Schild mit dem Titel „Friedensgebet", eine gestaltete Mitte mit Kreuz und einer brennenden Kerze, Kerzen oder Laternen am Eingang etc.

Wenn alle Teilnehmenden da sind, beginnt das Friedensgebet.

Einleitung
Heute waren wir dem Frieden auf der Spur. Und jetzt zum Abschluss halten wir inne und bringen unsere Gebete für

Frieden vor Gott. Denn wir sind in unserer Jagd nach Frieden nicht allein. Gott will der Welt Frieden schenken. Und wir sind oft im Angesicht des Hasses und der Kriege so ohnmächtig. Aber unser Gebet ist es nicht. Und so können wir dem Frieden auch nachjagen, indem wir ruhig werden und Gott unsere Gebete anvertrauen.

Psalm 34
(nach einer Übertragung von Peter Spangenberg)[20]
Dass es ein Fest wird
Mein Leben lang will ich weitererzählen,
wie großartig Gott ist,
und strahlende Lieder über ihn
sollen immer in meinem Herzen wohnen.
Mein innerstes Leben soll so leuchten,
dass andere Menschen Mut beziehen,
wenn es ihnen schlecht geht.
Feiert doch mit mir zusammen diese Freude,
dass es ein Fest wird aus Liebe zu Gott.
Gott gibt Obhut denen, die ihn lieben
und umgibt sie schützend wie ein Engel;
dann ist er ganz da.
Mit allen fünf Sinnen können wir wahrnehmen,
wie gut Gottes Geschenke sind.
Wer so glaubt, der fällt nicht aus dem Leben heraus.
Wenn man viel besitzt und viel Geld hat,
ist man innerlich sehr arm, weil die Angst regiert.

---

20   Peter Spangenberg: Höre meine Stimme. Die Psalmen, Hamburg 1995, S. 45.

Kinder können das am besten verstehen,
wenn Gott sagt: Kommt, ich will es euch erklären!
Ihr wollt doch Freude am Leben haben
und immer wissen, dass das Leben Sinn hat.
Gebt acht, dass ihr immer wahrhaftig bleibt,
also an der Wahrheit haftet.
Tut Gutes und haltet stets Ausschau nach Frieden.
Jagt hinter ihm her, bis ihr ihn habt.
Dann kann euer Herz ruhig mal traurig werden,
und eure Gefühle können völlig durcheinander geraten,
dass ihr euch zerschlagen fühlt und am Ende.
Das kann sehr wehtun.
Aber Gott holt euch da wieder heraus
und nimmt euch die Last von der Seele.

Aktion Friedenstauben

Die einzelnen Gruppen stellen ihre Friedenstauben zur dekorierten Mitte und lesen vor, welche Botschaften sie gesammelt haben.

Lied

So ist Versöhnung (Das Liederbuch ejw, Nr. 147)

Gebetszeit

Gott hört jedes Gebet. Keins ist zu groß, keins ist zu klein. Es kann eine Kerze entzündet und in die Mitte gestellt werden. Die Jugendlichen können leise für sich beten. Sie können aber auch ihr Gebet in Worte fassen und sie laut und mutig aussprechen. Manchmal hilft das und macht auch anderen Mut.

Wenn sie ihre Gedanken Gott zuwenden, begeben sie sich einen Moment in Gottes Gegenwart. So wird aus einem Ort plötzlich heiliger Boden.

Zeit zum Beten.
Abschluss des Gebets:
Herr, du kennst deine Erde, denn du hast sie wunderbar gemacht. Aber du siehst auch, wo statt Liebe Hass herrscht. Wo Menschen andere Menschen demütigen, verfolgen, töten. Oft beginnt es kaum spürbar und im Kleinen. Wir bitten dich: Erbarme dich über deine Menschenkinder. Höre unsere Gebete und stärke uns in der Jagd nach Frieden. Wir brauchen deine Hilfe, allein schaffen wir es nicht. Danke, dass du uns ausrüstest mit Liebe und Gerechtigkeit, Barmherzigkeit und Durchhaltevermögen.
Amen.

Lied
Christus, dein Licht (Das Liederbuch ejw, Nr. 188)

Segen zum Abschluss
Alle stehen im Kreis und haben die linke Hand mit den Innenflächen nach oben in die Mitte gestreckt. Die rechte Hand liegt auf den Schultern der Person rechts.

Segen: „Und der Friede Gottes, der höher ist als alle Vernunft, bewahre unsere Herzen und Sinne in Christus Jesus" (aus Phil 4,7).

Reflektion

Nach dem Friedensgebet lohnt sich ein kurzer Erfahrungs-
austausch. Sollte dafür die Zeit zu knapp sein, kann auch
in der nächsten Gruppenstunde ein Rückblick stattfinden.
Die Friedenstauben werden im Gruppenraum ausgestellt.
Die Mitarbeitenden bedanken sich bei den Jugendlichen
für ihren Mut, dem Frieden nachzujagen, und ermutigen
sie, in ihrem Alltag die Augen offen zu halten für den Frieden.

„O HERR, MACH MICH ZU EINEM WERKZEUG DEINES FRIEDENS"

Elemente zur Gestaltung eines Seniorenkreises

Theo Schneider

Bei der Gestaltung einer solchen Einheit für Senioren muss man deutlich im Blick haben: Die Teilnehmenden haben einen beachtlichen Teils ihres Lebens hinter sich – mit vielen Erfahrungen, vielleicht auch Brüchen, viele auch mit gesundheitlichen Krisen. Narben und Wunden gehören zu dem Lebensweg dazu. Dabei spielt auch eine Rolle, dass manche noch die Zeit des Weltkrieges oder die schwere Zeit danach sehr persönlich erlebt haben. Auch das Leben in der DDR und die Vorgänge der friedlichen Revolution 1989 sowie die daraus folgenden Veränderungen (Stichworte: Arbeitsplatzverlust, niedrige Rente) können Spuren hinterlassen haben.

Junge Menschen lassen sich schneller begeistern für Parolen des Friedens und der Veränderung im Miteinander. Ältere tragen Erfahrungen in sich, die sie gegen schnelle Antworte und Rezepte zurückhaltend machen.

1. Die Jahreslosung in ihrem Zusammenhang

„Suche Frieden und jage ihm nach!" (Ps 34,15)
Ps 34 gehört zu den Dankliedern eines Einzelnen. Der Einleitungssatz (V 1) ordnet das Gebet einer besonders schwierigen Situation im Leben des späteren Königs David zu (1 Sam 21,14-16). Außerdem gehört das Gebet zu den Alphabet-Psalmen; jeder Vers beginnt mit dem nächsten Buchstaben des hebräischen Alphabets.

Die ersten Verse sind ein überschwänglicher Lobpreis. Immer und überall will der Beter den lebendigen Gott loben. Gerade so sollen andere neuen Mut und Zuversicht bekommen. Ab Vers 5 deutet der Beter an, was hinter ihm liegt. Genaue Details lassen sich aber nicht erkennen. Auf jeden Fall: Gott hat ihn wunderbar errettet, hat auf sein flehentliches Rufen gehört. Das hat ihn persönlich und seine Beziehung zum lebendigen Gott grundlegend verändert. Er weiß jetzt: Der „Engel des Herrn" achtet auf die, die Gott vertrauen. Gott sorgt für sie. Er überhört die Notschreie nicht. Diese starke Rettungserfahrung will und muss der Beter weitergeben. Die anderen sollen sich davon anstecken lassen.

Ab Vers 12, der „zweiten Strophe des Psalmes", ist das Gebet mehr ein Lehrgedicht. Auf dem Hintergrund der Gotteserfahrung, die dem Beter geschenkt wurde, ruft er seine Leser und Hörer zu einem Leben in der Gottesfurcht. Dazu gehört der verantwortliche Umgang mit Worten; die Distanz zu bösem Geschehen; der bewusste Entschluss, das Gute zu fördern. Und auch: „Suche Frieden und jage ihm nach!" Dazu werden keine Konkretionen ge-

176

nannt, sondern es geht um das grundsätzliche Signal. Frieden (schalom) ist das versöhnte Miteinander – im Kleinen wie im Großen. Die Worte „suche" und „jage nach" unterstreichen, dass es dabei nicht um ein einmaliges Tun oder Lassen geht, sondern um eine lebenslange Aufgabe. Es ist kein Zufall, dass die Aussage im Neuen Testament dreimal fast wortwörtlich aufgenommen wird (Röm 12,18; 2 Tim 2,22; Hebr 12,14). Auch dort geht es immer darum, dass dem geschenkten Heil in Christus praktische Konsequenzen im Geiste des Evangeliums folgen.

So ist die Jahreslosung kein allgemeiner moralischer Appell, sondern erwächst aus der Rettungstat Gottes. Damals war es das rettende Eingreifen Gottes im Leben des Beters. Wir hören heute diese Weisung, weil Gott in Jesus Christus „Frieden machte durch sein Blut am Kreuz" (Kol 1,20). Der Einsatz von Christen für den Frieden – auf welchen Ebenen und in welchen Zusammenhängen auch immer – erwächst als Dank für die Rettungstat Gottes in Jesus. In seiner Nähe und unter seiner Zusage gilt: „Selig sind die Friedfertigen, denn sie werden Gottes Kinder heißen" (Mt 5,9).

2. „Hevenu schalom alechem ..."

Dieser Chorus aus Israel hat in den vergangenen Jahrzehnten in vielen Gemeinden und Gruppen Eingang gefunden. Deshalb kann er auch im Laufe des Treffens als „Leitmotto" mehrfach miteinander gesungen werden. Er findet sich auch im Evangelischen Gesangbuch (EG 433):

Hevenu schalom alejchem,
Hevenu schalom alejchem,
Hevenu schalom alejchem,
Hevenu schalom, schalom, schalom alejchem.

Wir wünschen Frieden euch allen,
wir wünschen Frieden auch allen,
wir wünschen Frieden euch allen,
wir wünschen Frieden, Frieden, Frieden aller Welt.

3. Persönlich – Bericht eines Weges

Ein Brief vor 50 Jahren

2019 liegt es 50 Jahre zurück, dass ich einen Brief schrieb, dessen Inhalt nur aus einem Satz bestand. Er ging an das Kreiswehrersatzamt in Ansbach/Mittelfranken. Der Satz lautete: „Ich beantrage hiermit meine Anerkennung als Kriegsdienstverweigerer gemäß Artikel 4 Absatz 3 des Grundgesetzes der Bundesrepublik Deutschland."

Vorausgegangen war einige Wochen vorher die Musterung – mit dem Ergebnis, dass ich mich auf eine Einberufung in absehbarer Zeit einzustellen hätte. Vorausgingen aber auch viele Gespräche mit Freunden und Weggefährten in der Jugend- und Gemeindearbeit. Wozu rieten sie? Was hatten sie erlebt? Wie war das biblische Zeugnis zu verstehen? Was meinten meine Eltern? Ich beschäftigte mich mit Veröffentlichungen zu dem ganzen Themenfeld. Als ich schließlich am 12. Januar 1969 den Brief auf den Weg brachte, tat ich das nicht als einer, der felsenfest von seiner Position überzeugt war, sondern mehr tastend und fragend. Aber im Bedenken des biblischen Zeugnisses hatte ich diese Entscheidung getroffen.

Bis 1976 musste jeder bundesdeutsche Verweigerer den Ernst seiner Gewissensentscheidung sowohl in schriftlicher Begründung als auch in mündlicher Verhandlung mit Befragung vor einem „Prüfungsausschuss" glaubhaft machen. Das Gremium wurde von der Bundeswehr verantwortet. Ich erinnere mich noch an meine Verhandlung am 23. Juli 1969. Eine große Bundesfahne schmückte den Raum; der Ton war sachlich, nicht unfreundlich. Der Jugendwart unserer Kirchengemeinde nahm als mein „Beistand" teil. Zum Schluss war ich unsicher. Was würde das Ergebnis sein? Doch nach einigen Stunden bekam ich noch an diesem Tag den schriftlichen Bescheid, dass ich „berechtigt sei, den Kriegsdienst mit der Waffe zu verweigern". Der Antrag eines anderen jungen Mannes, der auch an diesem Tag dran war, wurde abgelehnt.

Hing der positive Bescheid für mich vielleicht damit zusammen, dass meine Gegenüber mein Tasten und Fragen spürten? Dass ich auch nicht so sehr mit den damals so spannenden und wichtigen politischen Gesichtspunkten (Atomwaffen, Kalter Krieg, Vietnam, Friedensbewegung ...) argumentierte, sondern mich auf das biblische Zeugnis und das Vorbild Jesu berief? In meiner schriftlichen Begründung hatte ich auch ausdrücklich dem Dank Ausdruck gegeben, dass in der Bundesrepublik Deutschland solch ein waffenloser Einsatz möglich sei. – Ich wusste, dass damals in der DDR Verweigerer viel größere Probleme und Nöte auf sich nehmen mussten.

Ja, dem Frieden nachjagen, das wollte ich mit diesem Schritt.

Noch ein Brief?

Jahre später: Meinem zivilen Ersatzdienst in einer diakonischen Einrichtung folgte eine theologische Ausbildung. Dazu gehörte natürlich die intensive Beschäftigung mit grundsätzlichen theologischen Themenfeldern. Diese Zeit und das intensive Nachdenken über die Fragen des Glaubens und Lebens haben mich bereichert, erweiterten meinen Blick, haben meinen Glauben vertieft. Ich denke zum Beispiel an die Auslegung des Römerbriefes und der Bergpredigt des Matthäusevangeliums; an die lutherische Lehre von den beiden Regimentern als Hilfe zur Gestaltung des Lebens; an die Grundzüge evangelischer Ethik, wie sie Dietrich Bonhoeffer aufgezeichnet hat.

Eines Tages stellte sich für mich die Frage: Muss ich jetzt wieder einen Brief schreiben – und meine Wehrdienstverweigerung zurücknehmen? Komme ich heute in der Abwägung aller Akzente des biblischen Zeugnisses zu einem anderen Ergebnis? Was kann und muss man aus der Geschichte der Kirche lernen? Außerdem und vor allem: Muss es nicht in der gefallenen Welt Polizei und Militär geben? Und können wir Christen uns da einfach herausnehmen? Gehören nicht gerade auch dort Menschen hin, die den Friedenskönig Jesus Christus kennen?

Ich habe keinen zweiten Brief geschrieben. Aber die Frage nach dem Umgang mit Gewalt auf der Suche nach dem Frieden begleitet mich bis heute.

Impulse zum Austausch:

- Haben Sie Verständnis für solch eine Position?
- Waren Sie selbst oder Menschen aus Ihrem persönlichen Umfeld beim Militär?
- Haben Sie auch solche Klärungsprozesse erlebt? Zu welchen Ergebnissen sind Sie gekommen?
- Können Sie auch eine „Friedensgeschichte" erzählen, die Sie erlebt haben (im Beruf, in der Nachbarschaft, in der Familie ...)?
- Streit und Konflikte gibt es in vielen Lebensbereichen. Was hat Ihnen dabei geholfen?

Je nach der Größe der Gruppe bietet es sich an, den Austausch über den Bericht in kleinen (Tisch-)Gruppen vorzunehmen. Klar muss sein: Niemand muss sich, aber jeder kann sich beteiligen. Es soll auch in keiner Weise ein „Ergebnis" erarbeitet werden. Der Austausch selbst ist das Wertvolle.

4. Besinnung und Gebet

Das folgende Gebet wurde lange Zeit Franz von Assisi (1181–1226) zugeschrieben. Allerdings ist es erstmals 1912/1913 in einer französischen Zeitschrift veröffentlicht worden und stammt demnach aus dieser Zeit von einer geistlichen Bewegung in der katholischen Kirche Frankreichs. Ein genauer Verfasser oder weitere Hintergründe sind nicht bekannt. Die Sprache und auch der inhaltliche Impuls entsprechen aber der Linie des Franz von Assisi.

O Herr, mach mich zu einem Werkzeug deines Friedens,
dass ich liebe, wo man sich hasst;
dass ich verzeihe, wo man sich beleidigt;
dass ich verbinde, da, wo Streit ist;
dass ich die Wahrheit sage, wo der Irrtum herrscht;
dass ich den Glauben bringe, wo der Zweifel drückt;
dass ich die Hoffnung wecke, wo Verzweiflung quält;
dass ich ein Licht entzünde, wo Finsternis regiert;
dass ich Freude mache, wo der Kummer wohnt.

Der Einstieg in das Gebet ist sehr hintergründig: Der Beter will nicht etwas „machen", sondern er möchte ein Werkzeug sein. Ein Werkzeug schafft nicht selbständig, sondern es wird benutzt. Der Beter will ein Werkzeug in Gottes Hand sein.

Die einzelnen Bitten entfalten dazu ein Programm. Jede Bitte stellt das übliche menschliche Verhalten auf den Kopf. Das Gebet ist eine Ermutigung zu einer totalen Kehrtwende. So können dunkle und schwere Situationen aufgebrochen werden.

Herr, lass du mich trachten:
nicht, dass ich getröstet werde, sondern dass ich andere tröste;
nicht, dass ich verstanden werde, sondern dass ich andere verstehe;
nicht, dass ich geliebet werde, sondern dass ich andere liebe.

Diese Zeilen berühren besonders, denn der Blick geht weg vom Ich zum Du. Der Mitmensch tritt an die Stelle des Ich.

Denn wer da hingibt, der empfängt;
wer sich selbst vergisst, der findet;
wer verzeiht, dem wird verziehen;
und wer stirbt, erwacht zum ewigen Leben.

Der letzte Abschnitt ist den Berichten in den Evangelien abgelauscht und von Christen schon unzählige Male so erfahren worden. Sicher können manche aus der Gruppe dies bestätigen. Zum Beispiel:

- Ich besuche einen Kranken und weiß nicht, was ich sage soll. Als ich wieder gehe, ist mir klar: Das war gut für mich! Ich bin beschenkt worden.
- Erstmals nehme ich mir Zeit zu einem Plausch mit einem alten, einsamen Herrn in der Nachbarschaft. Als wir uns trennen, begleitet mich ein dankbares Lächeln.
- Ich springe über meinen Schatten – und beginne wieder ein Gespräch mit einer Person, mit dem ich mich überworfen hatte. Und ich merke: Er hatte schon darauf gewartet, ich bin anschließend ganz gelöst.

Das Gebet mündet in einen Satz, der mit großer Selbstverständlichkeit ausspricht, was seit der Auferstehung Jesu Christi für Menschen des Glaubens gilt. Eine im besten Sinn des Wortes unbeschreibliche Hoffnung, die uns aber durch das Evangelium zugesagt wird: „und wer stirbt, der erwacht zum ewigen Leben."

Das Gebet wird auch in anderen Ländern und Sprachen gesprochen. Da ist es hintergründig, dass es in vielen Sprachen nicht Werkzeug heißt, sondern Instrument! So kann man – frei übersetzt – auch sagen: „Herr, lass mich ein Instrument sein, auf dem du die Melodie des Friedens spielst."

Das Gebet findet sich auch im Evangelischen Gesangbuch (EG 416), vertont von Rolf Schweizer (1962/1969). So kann es auch miteinander gesungen und dabei schrittweise ausgelegt werden.

5. Ein Signal, ein Zeichen

In vielen Gemeinden ist es im Rahmen des Abendmahls üblich, dass im liturgischen Ablauf ein Friedensgruß vorkommt. Nach der Vergebungszusage und vor der Austeilung von Brot und Wein werden die Gemeindeglieder eingeladen, dem Nächsten (neben, hinter, vor sich) den Frieden Gottes zuzusagen. Eingeleitet wird dies zum Beispiel so:

„Der Friede des Herrn sei mit uns allen. Keiner sei gegen den anderen, keiner sei in sich verschlossen; vergebt, wie euch vergeben ist; nehmt einander an, wie Christus euch angenommen hat zu Gottes Lob. So wollen wir einander ein Zeichen des Friedens geben, die Hand reichen und einander sagen: Der Friede des Herrn sei mit dir – und mit dir."

Eventuell könnte so ein Zeichen auch am Schluss des Seniorentreffens stehen. Die Verantwortlichen werden im Vorfeld zu überlegen haben:

- Passt das in dieser Gruppe, bei der Zusammensetzung, Prägung?
- Könnte das für Teilnehmende bedrängend sein?

Der Abschluss des Beisammenseins kann aber auch das gemeinsam gesungene „O Herr, mach mich zu einem Werkzeug deines Friedens" sein.

6. Liedvorschläge

- Gib uns Frieden jeden Tag (EG 425)
- Hevenu schalom alejchem (EG 433)
- Dona nobis (EG 435)
- Ein jeder trage die Last des andern (Singt das Lied der Freude – 2, 923)
- Gib mir die richtigen Worte (Singt das Lied der Freude – 2, 936)
- Gib Frieden, Herr, gib Frieden (EG 430)
- Hilf, Herr meines Lebens, dass ich nicht vergebens (EG 419)

WIR SPIELEN FRIEDEN

Entwurf für eine Familienaktion

Martina Walter, zusammen mit Marlen
Dutschmann, Leon Henken und Jannis Offenbach

Ein alter Mann ging über einen freien Platz. Er beobach-
tete eine Gruppe Kinder, die offensichtlich „Krieg" spiel-
ten. Mit Stöcken und grellen „Peng Peng"-Rufen rannten
sie aufeinander los. Auch ganz Kleine waren dazwischen.
Nachdenklich stand der Mann eine Weile in der Nähe,
dann ging er entschlossen auf die Gruppe zu uns sagte bit-
tend: „Spielt doch nicht Krieg, Kinder!" Der bittende Klang
der Männerstimme machte die Kinder betroffen. Sie zogen sich an eine Mauer zurück, berieten eine Weile miteinander, dann kamen sie wieder zu dem Mann, der immer
noch dastand, als hoffe er auf etwas, und ein Kind fragte:
„Wie spielt man Frieden?" (nach Jörg Zink)

Wie man Frieden spielt, lernt man am besten schon früh
und übt es in der Familie ein. Daher bieten wir hier einen
Stundenentwurf für Familien an mit Spielen und Aktionen, die für alle Altersgruppen geeignet sind. Im gemeinsamen Spiel der Generationen kann dies vielleicht auch ein
Schritt zum friedvollen Umgang miteinander sein.

Die folgenden Spiele und Aktionen lassen sich miteinander auf einem Gemeindefest, bei einem Familiennach-
mittag oder auf einer Familienfreizeit spielen. Mit den
Vorschlägen kann man kreativ umgehen, Spielregeln ver-

187

ändern, eigene Spiele ergänzen ... Wichtig ist, dass es darum geht den Frieden zu spielen und miteinander ins Nachdenken zu kommen. Ausdrücklich ist es erwünscht, dass aus dem (Friedens-)Spiel Ernst wird.

1. Meinungsumfrage

(Material: gestaltetes Plakat, Glasperlen oder Murmeln, Glasbehälter)
Zum Thema „Was ist wichtig für den Frieden? Was dient dem Frieden?" werden zuvor Zeitungsüberschriften, Werbeslogans, Bilder, Liedzeilen etc. gesammelt und auf ein Plakat geklebt. Jedes Element auf dem Plakat bekommt eine Zahl. Für jedes Element auf dem Plakat steht jeweils ein Einmachglas oder eine Glasvase bereit, die mit der gleichen Zahl gekennzeichnet sind. Außerdem liegen farbige Perlen oder Murmeln bereit. Nun kann jede/r Teilnehmer/in eine Perle für die Äußerung in den Glasbehälter legen, die er/sie für wichtig hält.
Dabei kann man darüber ins Gespräch kommen, warum bestimmte Dinge für den Frieden wichtig sind und andere nicht so sehr.

2. Frieden in der Bibel

In der Bibel finden sich zahlreiche Stellen, die vom Frieden sprechen. Darum soll es bei diesen zwei Spielvarianten gehen.

a. Bibelstellen-Puzzle

(Material: vorbereitete Bibelverse auf Karten)

Ein Vers wird in mehrere kleine Puzzleteile geteilt und offen ausgelegt. Die Aufgabe besteht dann darin, diesen Vers zu rekonstruieren.

b. Bibelstellen-Memory

(Material: vorbereitete Bibelverse)

Mehrere Verse werden in je zwei Teile geteilt, die auf gleich große Kärtchen geschrieben und verdeckt ausgelegt werden. Nun deckt die erste Person zwei Kärtchen auf. Gehören diese zusammen, legt sie die Person vor sich auf einen Stapel und deckt zwei weitere auf. Gehören die Kärtchen nicht zusammen, werden sie wieder umgedreht und die nächste Person ist dran. Gewinner ist, wer am Ende die meisten zusammengehörigen Paare hat.

Eine Auswahl von Bibelstellen: 4. Mose 6,24-26; Ps 147,14; Jes 9,5-6; Jer 29,11; Lk 2,14; 7,50; 19,38; 24,36; Joh 16,33; Apg 9,31; 10,36; Röm 5,1; 12,18; 1. Kor 1,3; Gal 5,22-23; Eph 4,3-6; Phil 4,7; Kol 1,19-20; 3,15; Hebr 13,20-21.

3. Gemeinsam ist etwas möglich

(Material: Kunststoffplane ca. 3 x 3 m)

Für einen friedlichen Umgang ist es wichtig, miteinander Ziele zu erreichen und zu kooperieren. Bei der Übung „Plane falten" kommt es genau darauf an. Zunächst wird beratschlagt: Wie oft kann man die Plane halbieren, ohne sie dabei zu verlassen? Die Personen (mindestens zwei) geben einen Tipp ab, und dann geht es los. Sie stellen sich auf eine Plane und versuchen sie nun so oft wie möglich zu halbieren, ohne sie dabei zu verlassen. Berührt eine Person den Boden außerhalb der Plane, ist das Spiel vorbei.

Man kann die Ergebnisse zur Motivation aufschreiben: Wer konnte sie am häufigsten falten? Wer hatte sich am besten eingeschätzt? Das gemeinsame Stecken von Zielen, der Erfolg oder das Scheitern als „gemeinsam" zu betrachten, ermöglicht Frieden.

4. Brücken bauen

(Material: mindestens 12 Holzspatel pro Gruppe, aus der Apotheke)
Geht es darum, Frieden zu stiften, müssen zwei Parteien aufeinander zugehen. Ein Graben muss überwunden werden. Brücken zu bauen, sich gemeinsam an ein Werk wagen, ist da eine gute Übung. Solch eine Brücke wollen wir hier ganz praktisch bauen. Aus 12 Holzspateln soll gemeinsam eine Brückenkonstruktion erstellt werden, die sich selbst trägt.

5. Kauderwelsch-Memory

(Material: vorbereitete Karten mit Ausdrücken bzw. Erklärungen)
Manchmal wohnen mehrere Generationen unter einem Dach, da verändert sich im Laufe der Zeit auch schon

mal die Sprache. Die Eltern verstehen Ausdrücke und Redewendungen ihrer Kinder nicht mehr und umgekehrt genauso. Mit diesem Memory können Jung und Alt ins Gespräch kommen. Gemeinsam lachen und voneinander lernen können ist auch eine Art, sich wertgeschätzt zu fühlen und zum Frieden beizutragen. Im Folgenden finden Sie mögliche Begriffe und Kurzerklärungen für die beiden Kärtchen:

Lauch – dünne, wenig muskulöse und hochgewachsene junge Männer (früher auch: Spargeltarzan)

merkeln – nichts tun, keine Entscheidung treffen

Verwegenheit – Unerschrockenheit, Furchtlosigkeit

sich verdünnisieren – von einem Ort verschwinden, sich aus dem Staub machen

abgebrüht sein – unempfindlich sein

halbes Hemd – großmäuliger Schwächling

meine Kragenweite – genau mein Fall, passend

knorke – gut, super

Süßholz raspeln – Komplimente machen, flirten

beknackt – dumm, verrückt

lit – sehr cool

schatzlos – Single, ohne Partner

6. Ringen

(Material: Seil, Schaumstoffmatte oder Matratze oder ein anderer weicher Untergrund)
Ringen ist eine sehr bewegungsreiche Sportart, die in gegenseitiger Verantwortung sehr viel Spaß und Energieab-

bau bringt.

Zur Vorbereitung: Hosentaschen leeren, Schuhe und Schmuck (Brillen, Armbänder, Uhren, Ketten ...) ausziehen und los geht's. Zwei Personen treten sich in einem aus einem Seil auf weichem Untergrund ausgelegten Kreis (ca. 4–5 m Durchmesser) gegenüber, geben sich einen Handschlag und auf Kommando geht der Ringkampf los. Ziel ist es, den Anderen aus dem Kreis zu drängen oder so zu „greifen", dass er den Kampf abbrechen muss. Dies ist geschehen, sobald irgendein Körperteil den Boden außerhalb des Kreises berührt oder eine Person auf den Boden klopft oder „Stopp" ruft. Dann ist der Ringkampf *sofort* beendet. Anschließend erfolgt ein erneuter Handschlag. Der Handschlag vor und nach dem Ringen ist verbindlich. Es gibt keine vorgeschriebenen Regeln, außer respektvollem Umgang mit dem Anderen (das heißt kein Treten, an den Haaren ziehen etc.).

Es darf im Frieden Auseinandersetzungen geben – aber davor, währenddessen und danach gilt es, einen respektvollen Umgang miteinander einzuüben und zu pflegen.

7. Mein Raum – meine Grenze

(Material: keines)
Jeder Mensch braucht einen gewissen Raum für sich. Das bedeutet, mit Grenzen und Grenzüberschreitungen umzugehen. Indem wir lernen, eigene und fremde Grenzen auszusprechen und zu respektieren, können wir ein friedlicheres Miteinander erreichen.

Aktion: zwei Personen (wenn möglich gleicher Statur) stellen sich Schulter an Schulter zusammen. Eine Person sagt energisch: „Ich bleibe!" und versucht, am gleichen Fleck stehenzubleiben. Die andere Person ruft laut: „Hau ab!" und versucht dabei, die standhafte Person wegzudrücken. Die Rollen können dann gewechselt werden.

Anschließende folgt ein kurzes Gespräch zur Frage: Wie habt ihr euch in euren Rollen gefühlt?

8. Schön, dass du da bist

(Material: Blatt Papier und einen Stift pro Person)
Tag für Tag verbringen wir Zeit mit unserer Familie. Wir können zusammen lachen und beieinander Rat finden. Wir können aber auch zusammen weinen, aufeinander wütend sein und uns manchmal gehörig auf die Nerven gehen. Aber haben wir einander schon einmal gesagt, was wir am Anderen schätzen? (Was ich an dir mag und dir schon immer sagen wollte). Dazu soll jetzt die Möglichkeit sein. Jeder bekommt ein Blatt und schreibt den eigenen Namen darauf. Dann wird das Blatt reihum gegeben und jeder schreibt dazu, was er / sie der jeweiligen Person schon immer mal Positives sagen wollte.

Anerkennung und Lob ermutigen! Und vielleicht entdeckt man miteinander Schätze, die man schon lange nicht mehr gesehen hat.

9. (M)eine friedliche Welt

(Material: Papier, Stifte, Wolle, Scheren, Tonpapier)
Wir stoßen auf viele Dinge, die den Frieden in der Welt belasten. Dazu gehören beispielsweise Macht und Gewalt. In kreativen Denkprozessen können wir uns damit auseinandersetzen und uns bewusst machen, welche Faktoren Frieden stiften und welche zerstören. Wie würde eine friedliche Welt aussehen? Dazu können die Teilnehmer/innen mit diesen Aufgaben kreativ werden:

Entwickelt eine kurze Geschichte oder ein Anspiel, in dem eine friedliche Welt präsentiert wird und schreibt das Ganze auf. Dazu könnt ihr vorher stichpunktartig sammeln, was Frieden fördert und was ihn einschränkt.

Macht euch selbst „Friedensarmbänder". Zu zweit ist das einfacher. Einer hält die Bänder stramm und der Andere flicht.

Bastelt jeder eine Hand aus Tonpapier. Schreibt auf der einen Seite an jeden Finger je eine Sache geschrieben, die für euch Frieden bedeutet. Auf der anderen Seite wird an jeden Finger etwas geschrieben, das dem Frieden dient.

Schön wäre es, wenn in einem Abschlusskreis die Ergebnisse vorgestellt werden könnten.

10. Verleih uns Frieden ...

(Material: evtl. kleine Karten für Gebetsanliegen, Stifte)
Wir können unsere Friedenssehnsucht vor Gott bringen und ihn um seinen Frieden für die Welt und die Men-

schen bitten. Gebetsanliegen zum Thema Frieden werden gesammelt und eventuell auf kleine Karten geschrieben. Eine Person betet stellvertretend für alle oder die Anliegen werden in kleinen Gebetsgemeinschaften vor Gott gebracht. Als Abschluss reichen wir einander die Hand und sprechen uns zu: „Der Friede Gottes sei mit dir".

Eventuell kann am Ende noch eine kurze Andacht stehen oder ein Lied gesungen werden. Mit dem Segen Gottes wird die „Spiel"-Aktion abgeschlossen.

Fundgrube

LYRISCHE TEXTE
Subversion

Umarmt die Verhärteten,
berührt die Zynischen zärtlich.
Spielt mit den Verkniffenen,
tanzt mit den Gleichgültigen.

Den Tatsachen lacht
eure Tränen ins Gesicht.

Beschenkt die Geizigen,
singt Lieder den Knurrigen.
Den Realisten trotzt
ein paar Träume ab.

Unterlauft täglich
die Wirklichkeit.

Verdreht den Hassenden
Augen und Herzen.
Öffnet die Fäuste der Zürnenden
und zeichnet hinein: Schalom.[21]

---

21   Aus: Tina Willms, Erdennah – Himmelweit. Ein Jahresbegleiter zu den Wochensprüchen. Andachte, Gedichte und Gebete. Neukirchener Verlagsgesellschaft mbH, Neukirchen-Vluyn, 2014, 3. Auflage 2016, S. 99.

Tag und Nacht

Schon möglich,
dass ein Wort
inmitten der Nacht
vom Himmel fällt
und Frieden auf Erden bringt.

Schon möglich,
dass ein Wunder
mitten am Tag
am Wegrand liegt
und versöhnlich stimmt.

Auge und Ohr offen halten
für Himmel und Erde.
Tag und Nacht.[22]

Gebet

Himmlischer Gott,
deine Liebe taugt nicht dazu,
sie dankbar anzunehmen,
um sie dann für sich selber zu behalten.

---

22   Aus: Tina Willms, Am Wegrand: Ein Wunder. Mit offenen Sinnen durch das Jahr. Neukirchener Verlagsgesellschaft mbH, Neukirchen-Vluyn, 2016, S. 123.

Dein Friede ist keiner,
der sich domestizieren ließe,
um ihn wie ein Haustier zu halten
in warmen Wohnstuben.

Menschenverbundener Gott
du drängst hinaus in die Welt,
um auszuteilen, was du hast,
um dich zu verschenken
mit offenen Händen
und weitem Herzen
ganz und gar.

Füll Hände und Herzen uns
mit Liebe, mit Frieden,
und nimm uns mit.[23]

---

23   Aus: Tina Willms, Zwischen Stern und Stall. Ein Begleiter durch die Advents- und Weihnachtszeit. Andachten, Gedichte und Gebete. Neukirchener Verlagsgesellschaft mbH, Neukirchen-Vluyn, 2015, 2. Auflage 2016, S. 130.

Segenswunsch: Fantasie für den Frieden

Ich wünsche dir
Fantasie für das,
was dem Frieden dient:

klärende Sätze,
die Missverständnisse beiseite räumen,

schlichtende Worte,
die Menschen verbinden,

gute Gedanken,
die Grenzen überwinden,

beharrliche Sanftmut,
die andere ansteckt.

Ich wünsche dir,
dass durch dich
Friede wächst.[24]

24 Aus: Tina Willms, Wo das Leben entspringt. Inspirationen zur Jahreslosung und den Monatssprüchen 2018. Neukirchener Verlagsgesellschaft mbH,
Neukirchen-Vluyn, 2017, 2. Auflage 2017, S. 60.

SUCHE FRIEDEN UND JAGE IHM NACH

Christian Hählke[25]

Jahreslosungslied 2019 Psalm 34,15   von Christian Hählke 2016

Refrain: Su-che Frie-den und ja - ge ihm nach! Su-che Frie-den und ja - ge ihm nach! Su-che Frie-den, su-che Frie-den und ja - ge ihm nach!

1. Kei-nen Frie-den auf der Er-de oh-ne Frie-den zwi-schen Völ-kern, und kein Frie-den zwi-schen Völ-kern oh-ne Frie-den im Land.
2. Und kein Frie-den in den Häu-sern oh-ne Frie-den zwi-schen Men-schen, und kein Frie-den zwi-schen Men-schen oh-ne Frie-den in mir.

1. Auch kein Frie-den ist zu se-hen oh-ne Frie-den in den Städ-ten, und kein Frie-den in den Städ-ten oh-ne Frie-den im Haus.
2. Hab' nicht Frie-den in mir drin-nen oh-ne Frie-den mit dem Schöp-fer, denn nur Je-sus ganz al-lei-ne schenkt uns Frie-den mit Gott.

(zum gesegneten Gebrauch geschrieben, kopieren erlaubt - außer für kommerzielle Verwendung: Rechte beim Autoren - haehlke@web.de)

Suche Frieden
und jage ihm nach!
Psalm 34,15
(Jahreslosung 2019)

HERAUSGEBER, AUTORINNEN UND AUTOREN

Herausgeber

Martin Werth, Dr. theol., ist Dozent und Direktor der Evangelistenschule Johanneum, Wuppertal.

Martina Walter ist Diplom-Pädagogin und Dozentin an der Evangelistenschule Johanneum, Wuppertal.

Autorinnen und Autoren

Johannes Beer ist Gemeindepfarrer, Pfarrer der Offenen Kirche und Kulturbeauftragter des Kirchenkreises, Herford.

Gisela Fähndrich ist Präsidentin des Antikriegshauses – Friedens- und Nagelkreuzzentrum, Sievershausen/Lehrte.

Konrad Flämig war Prediger in Sachsen und ist jetzt Geistlicher Leiter im Landeskirchlichen Gemeinschaftsverband Bayern, Puschendorf.

Michael Freitag-Parey ist Diakon, Theater- und Friedenspädagoge und arbeitet an der Gedenkstätte Lager Sandbostel, Kirchenkreis Bremervörde.

Klaus Haacker, Prof. em. Dr., war Professor für Neues Testament an der Kirchlichen Hochschule Wuppertal/Bethel. Er lebt in Berlin.

Christian Hählke ist Pfarrer und Liederdichter, Höchstenbach.

Sabine Herwig ist Gemeindemanagerin in der Ev. Kirchengemeinde Elberfeld-West, Wuppertal.

Stefan Jäger, Dr. theol., ist Dozent an der Evangelistenschule Johanneum, Wuppertal.

Lutz Krügener ist Beauftragter für Friedensarbeit der Landeskirche Hannovers am Haus kirchlicher Dienste.

Florian Mehring ist Heilpraktiker für Psychotherapie, Supervisor und leitet die Arbeit der BTS-Außenstelle Wuppertal.

Theo Schneider war Generalsekretär des Evangelischen Gnadauer Gemeinschaftsverbandes. Er lebt in Wittenberg.

Matthias Stempfle ist Gemeinschaftspastor, Wuppertal.

Thomas Symank ist Assistent für Altes Testament und Biblische Archäologie an der Kirchlichen Hochschule Wuppertal/Bethel.

Tina Willms, ist Pfarrerin und Autorin, Hameln.